비 오는 날은
　　　사색이 흐른다

비 오는 날은
　　　사색이 흐른다

김은숙 에세이

그림과책

| 작가의 말 |

땅속에서 영그는 문장

하얗게 핀 감자꽃이 바람결에 흔들립니다. 저 꽃잎 아래 흙 속 어딘가에서 감자알이 조금씩 부풀고 있습니다. 햇살을 먹고 밤마다 이슬을 머금으며, 어느 날 문득 땅이 갈라지겠지요. 묵묵히 제 안을 채워가는 시간이 있기에 튼실한 감자로 태어날 수 있습니다.

처음 글을 쓰기 시작했을 때, 그 감자의 시간과 마주했습니다. 무엇을 써야 할지 몰라 멈추기를 반복했고, 썼다가 지우기를 되풀이했습니다. 글이라는 씨를 심고, 마음이라는 흙을 다지고, 그 위에 문장이라는 잎을 틔우는 동안 언제쯤 열매를 만날 수 있을까, 그 기다림에 자주 흔들렸습니다. 그러다 어느 날, 흙 속에서 감자알을 조심스레 건져 올리듯 하나의 문장을 완성하고 나면 말할 수 없는 기쁨과 따뜻함이 마음 깊은 곳에 번졌습니다.

수필을 공부하는 동안 마음도 여러 번 무너졌습니다. 누군가의 문장을 부러워하며 작아지기도 했고, 제 글이 한없이 초라해 보이는 날도 많았습니다. 하지만 다시 써 내려갔습니다. 그 끝에서 늘 작고 단단한 위로를 발견했습니다. 그건 어쩌면 땅속에서 영글어가는 감자의 속살처럼 조용히 존재하던 삶의 감정입니다.

　이제 첫 수필집을 엮습니다. 부끄럽고 조심스러운 마음이 큽니다. 삶의 결을 따라 써 내려온 문장들이 누군가의 하루에 작은 온기가 되어주길 소망합니다. 감자를 심고 마음속 흙에도 조심스럽게 한 문장씩 수확하며 살고 싶습니다.

　수필이라는 길을 안내해 주신 교수님과 함께 쓰고 읽으며 마음을 나눈 문우들께 깊은 감사의 인사를 전합니다. 여러분이 아니었다면, 마음을 어디에 어떻게 놓아야 할지 몰라 헤매고 있을 것입니다.

　글을 쓸 수 있도록 조용히 지켜봐 준 남편과 아이들에게 고마운 마음을 전합니다. 늘 응원을 아끼지 않은 가족이 있기에 이 책이 세상에 나올 수 있었습니다. 사랑합니다.

2025년 여름, 감자꽃 진 밭머리에서

김 은 숙

차 례

4 　작가의 말

1부

14 　누렁이의 봄날 이야기
19 　도서상품권
22 　가을을 닮은 언니에게
26 　양념통닭
31 　인생의 봄날
35 　빛바랜 일기장

2부

42 흙 내음에 묻은 시간의 빛깔
47 라디오가 만드는 행복한 세상
51 야행성
55 서산에 노을처럼
60 아들에게 보내는 편지
64 도마 위 생선
67 내 아들은 고동호

3부

74 오일장을 맛보다
79 하늘바래기
83 비자나무 숲길을 걷다
88 비 오는 날은 사색이 흐른다
93 봉숭아 꽃물 같은
98 둘째에게 보내는 편지
102 우산

4부

108 눈물의 색깔
112 시 낭송, 그 떨림의 기억
117 젖은 겨울
123 아찔했던 순간
128 연꽃을 닮은 보길도
132 열정
136 가파도의 하루

5부

144 　하루 동안의 기쁨

149 　열무김치를 담그며

154 　나마스떼Namaste

159 　웃음의 미학

163 　물 전쟁

168 　빨간불

173 　초승달의 웃음

6부

180 하늬 지나는 날
184 고구마꽃
188 바람결에 피어난 찔레꽃
193 바람난 매화
198 씬 짜오
203 흙으로 돌아가는 숨결

208 해설

1부

노을도 추위를 타네요. 불타오르는 기세는 느낄 수 없어요. 나무들은 우수수 그 춥디추운 울음을 울 것입니다. 억새꽃의 아름다움은 무리를 이루는 데 있어요.

누렁이의 봄날 이야기

청명한 날이다. 좋은 일이 생기려는지 넓은 마당에서 새들이 날 갯짓하며 지저귄다. 따스한 햇살이 마당 가득 내려앉아 푸른 하늘과 어우러진다. 햇살은 마치 다정한 친구처럼 바람결에 춤추며 넓은 마당 구석구석을 어루만진다.

이웃 사람이 지나다니며 비긋이 열린 문으로 들어와 구경한다. 강아지들이 귀여운지 오랫동안 바라보며 탐낸다. 접종을 두 번해서 건강하다. 아들도 강아지와 아기똥아기똥 어울려 다니면서 잘 논다. 부스럭부스럭, 달그락달그락 소리가 들린다. 집안 구석구석 시끌벅적 화기애애하다. 무엇이 그리 좋은지 아들이 해맑게 웃는 모습은 함빡 피어난 꽃송이 같다.

식구들이 강아지를 좋아해 여러 마리를 키운 적이 있었다. 누렁이가 만삭이라 힘겨워하더니 얼마 지나서 새끼를 낳았다. 개가 새끼를 낳은 건 처음이다. 개도 입덧한다는 것을 알았다. 평소와 다르게 움직임이 활발하지 않으면 유심히 봐야 한다. 음식을 잘 먹다가 밥그릇을 쳐다보지 않았다.

 몸과 행동으로 변화가 보였다. 배가 불러오고 새끼를 낳기 전에는 어둡고 조용한 곳을 찾아다닌다. 어떤 때는 바닥을 긁거나 침착하지 못한 행동을 하면 출산이 다가오는 신호이다. 우연히 새끼 낳는 신비로운 광경을 지켜봤다.

 입덧하느라 힘들던 지난 일이 떠오른다. 말 못 하는 짐승이지만, 얼마나 힘들까. 무릇 어미태를 자르고 태어나거나, 알로 나거나 이 세상에 저절로 태어나는 생명은 없다. 생명체는 다 똑같다. 한 송이 꽃과 나무도 아픔을 견디며 싹을 틔운다. 태어나지 말아야 할 생명은 없다.

 아침부터 한두 시간 간격으로 암컷 둘과 수컷 다섯 마리를 낳았다. 누렁이는 고통 속에서도 아프다고 소리 지르지 않았다. 스스로 탯줄을 끊고 강아지를 핥고 뒤처리하는 모습을 보니 마음이 뭉클하다. 사람은 해산할 때 고통에 못 이겨 소리 지르고 옆에서 시중들지 않는가.

 남편도 마음이 벅찬 모양이다. 마침 출근하지 않는 날 새끼를 낳아서 안도한다. 좋아서 연장을 챙겨 들고 개집에 문을 만들고 등도 달아주었다. 기술자라도 된 듯 잘 만들어 낸다. 그 얼굴은 제 자식을 낳았을 때 같은 표정으로 상기됐다. 나도 가만히 있지 못하고 바닥에 헌 옷과 신문지를 깔았다.

유치원생인 아들은 강아지가 태어난 걸 모른다. 혼자서는 하지 않을 행동도 연년생인 아들은 용감무쌍한 형제의 위력을 발휘한다. 동네에서 우리 부부 얼굴은 몰라도 아들의 얼굴을 모르는 사람이 없을 정도로 소문난 개구쟁이다. 귀찮게 만지고 친구들을 불러 모을 것이 뻔하다. 애들에게 들킬세라 남편과 대화할 때는 비밀이라도 되듯이 속삭인다. 이때 같이 남편과 으밀아밀 속삭인 적이 있었던가.

나흘째이다. 누렁이는 누가 가르쳐 주지 않았는데 어미 노릇을 잘한다. 새끼들은 아직 눈을 뜨지 않았지만, 본능적으로 앙증맞게 꿈틀거리며 기어가서 젖꼭지를 찾는다. 낑낑거리면서 얼굴 파묻고 자는 모습이 귀엽다. 꼼지락거리는 모습을 바라보고 있으면 깜찍해 시간 가는 줄도 모른다.

새끼에게 젖을 주려면 누렁이도 잘 먹어야 한다. 무엇을 해줘야 하나 생각하다 아이 낳고 먹은 미역국이 떠오른다. 많이 먹어야 한다며 안다미로 떠 주던 친정어머니가 생각난다. 큰 벼슬이라도 한 것처럼 가만히 앉아서 먹었다. 사람은 부부가 힘을 모아 정성스럽게 아이를 키우는데, 누렁이는 옆에 아무도 없다는 생각에 가엾어진다.

초목이 겨울보다 여름에 왕성한 활동을 하듯이, 강아지들도 한여름 오이 크듯이 커가면서 젖이 모자랐다. 가루 사료를 사다가

끓여서 먹였다. 외출했다가 밥시간이 늦으면 큰일이라도 난 것처럼 부리나케 가스레인지 불을 켠다. 한쪽에 물 끓이면서 잘 저어 준다. 그러지 않으면 타 버리기에 물을 부으면서 만든다. 개는 뜨거운 것을 잘 먹지 못한다. 빨리 식으라고 찬물에 담갔다가 갖다 준다. 그러면 누가 먼저랄 것도 없이 밥그릇에 모여들어 먹는다. 그런 모습을 지켜보는 마음은 제 새끼를 키우는 심정이다. 세상 부러운 것이 없다.

 강아지들이 차츰 눈을 뜨면서 마당을 돌아다닌다. 특이한 한 마리가 있는데 얼굴이 못나서 'ET'라고 이름을 지었다. 먹을 것이 있으면 남겨놓지 않고 다 먹어서 올챙이 배가 된다. 제대로 걷지도 못해 엉금엉금 기어다니는 모습이 가관이다. 그러다 지치면 사람같이 하늘을 향해 발라당 누워 버린다. 한여름에는 피서를 떠나듯이 물그릇에 홀라당 들어가 앉았다. 개들은 대부분 물을 싫어하는데 그놈은 별종인가 보다. 사람도 자식 중에 유별난 놈이 있기 마련이다.

 누렁이가 사람보다 못할 것이 없고 위대해 보인다. 사람들이 욕할 때 왜 개를 들먹이는지 이해가 안 간다. 개새끼니, 개판이니 하는 말은 삼갔으면 한다. 홀로 출산하고 뒤처리하며 새끼를 기르는 것을 보니 숙연해진다. 때론 사람이 개만도 못할 때가 있다. 기회가 된다면 한번쯤은 이런 과정을 지켜보는 것도 좋겠다. 새끼

낳는 과정을 지켜본다면 할 말이 없을 것이다. 정치가와 범죄 집단이 넘쳐난다. 방향 감각을 잃고 무한 속도로 어디론가 질주하는 인간 사회. 그 속에서 누렁이는 아무것도 모른 채 순수하고 맑게 살아간다.

집안 가득 행복의 기운이 화선지에 먹물 퍼지듯 미소가 번진다. 그 안에 머물러 취한 듯 살고 싶다. 행복에 소리가 있다면 이런 소리가 날까. 마당에서 비눗방울이 바람에 흩어지듯 낮은 음계로 울려 퍼진다.

이 세상 그 누구도 부럽지 않다. 쥐지 마라 터질세라 불지 마라 꺼질세라 다 금쪽같은 내 새끼들이다.

도서상품권

평소 라디오를 즐겨 듣는다. 텔레비전은 아예 쳐다보지도 않는다. 드라마에 빠지면 집안이 엉망이 되어도 손댈 생각을 할 수 없다는 게 이유 중의 하나다.

방송을 듣다 보면 상품 소개를 하는데 냉장고, TV, 세탁기 등 상품이 참 괜찮아서 사연을 보내면 어떨까? 생각을 하던 중, MBC '강석 김혜영의 싱글벙글 쇼'에 용기를 내 축하 엽서를 띄웠다.

'좋은 계절에 태어나 오른쪽 뺨에 모기에 물려 엄마인 저를 안쓰럽게 했던 둘째가 어느덧 10월 19일이면 열 번째 맞이하는 생일입니다. 설거지, 방 닦기, 빨래 개기, 신발 정리, 개밥 주기, 가로등 켜기 등 바쁜 엄마의 일을 많이 돕고 동네 동생들도 잘 돌봐주며, 의젓한 반장이기도 한 아들의 생일을 축하해 주고 싶어서 엄마가 사연 띄웁니다. 많이많이 축하해 주세요.'

열흘 전부터 정성 들여 담쟁이와 낙엽까지 곱게 붙여 당연히 방송되리라 기대하고 녹음기까지 준비했는데 방송은 되지 않고 다른 사람만 소개되고 끝나는 것이다. 허무했다. 녹음해 놓고 서울에 사시는 친정어머니에게도 자랑하고, 도서상품권 받아 애들 책 많이 사주고 마음껏 읽겠구나, 기대했는데 모두 다 산산조각 물거품이 되고 말았다.

방송할 때마다 엽서를 보내라고 재촉하더니만 큰맘 먹고 처음으로 보냈는데 이렇게 실망시킬 수가 있나 나중에는 화까지 난다. 그래, 방송이 이렇게 쉽지만은 않구나. 방송이 안 되는 게 더 많겠지, 그중에서도 행운이 있는 엽서만 소개되는구나. 누구에게 내색도 못 하고 속으로만 곰삭였다. 너무 기대한 만큼 실망이 컸기에 그 프로를 당분간은 듣지도 않을 지경에 이르렀다.

그런데 내가 보낸 엽서가 소개된 것이다. 안 될 것을 전제로 심심풀이 땅콩 식으로 보낸 세 번째 엽서가 덜컥 방송이 됐다. 방송이 되는 그 순간은 꿈속인 양 몸이 붕 떠서 정신이 몽롱하고 기력이 없다. 녹음기가 고장 나서 녹음을 못했는데 너무 아쉽다.

'큰아들이 의젓하게 커서 열두 번째 생일을 맞이합니다. 집 안에서 설거지, 청소, 빨래 개기 등 바쁠 때 딸보다 더 엄마 일을 돕고, 틈만 나면 책을 읽고, 과학자가 꿈인 착한 아들입니다. 엄마가 세상에서 제일 사랑하는 아들에게 축하해 주고 싶어서 MBC에 노크합니다. 축하해 주세요.'

오래 지나지 않아 도서상품권 10매가 왔다. 기쁨에 겨워 한참을 소리 질렀는데 생각할수록 기분이 좋다. 한참 후 남편이 들어오기에 그 이야기를 하니 세상을 다 얻은 듯 좋아한다. 오만 원의 상품권이지만 책을 좋아하는 나에게는 그 이상의 기쁨이었다.

비가 촉촉이 내린다. 적게도 많게도 아닌 부슬부슬 내린다. 밭에 있는 당근이 좋아한다. 비가 안 왔으면 당근 밭에 앉아 있어야 할 시간인데 비가 와서 애들과 세화에 있는 서점에 갔다. 사고 싶은 책을 고르라고 하니, 큰아들은 과학에 관한 책, 역사 그리고 둘째는 뚱딴지 만화 일기, 만화책을 고른다. 난, 가시고기, 공녀, 좋은 생각 2월호를 골랐다. 이 시간만큼은 부자가 된 느낌이고 그 누구도 부럽지 않다.

집으로 와 방 안 가득 책을 펼쳐놓고 책 읽기에 여념이 없다. 오랜만에 애들에게 엄마 노릇한 것 같아 마음이 뿌듯하다.

라디오에 사연을 보내고 채택을 기다리다 탈락하는 허탈감과 실망을 겪었다. 인내가 없으면 즐거움도 누리지 못한다. 기다렸을 때의 열매는 얼마나 달콤한가.

가을을 닮은 언니에게

 동네가 고즈넉합니다. 한번씩 자동차 소리와 개 짖는 소리. 참새가 짹짹거리며 목소리를 뽐냅니다. 들어주는 사람이 있어야 흥이 날 텐데 괜히 소리 질렀나 후회하는지도 모르겠어요. 뭉게구름 하나 없네요. 에메랄드빛 하늘은 곱게 물감을 풀어놓은 모습입니다. 미풍이 지나가는지 나뭇잎이 하늘하늘 흔들립니다. 사위에 깃드는 적요를 느끼는데 이내 잠잠해지고 동화에서 나올 듯한 다소곳한 모습입니다.
 차 한 잔 마시며 몇 자 씁니다. 아름다운 계절이 계속 펼쳐지면 좋겠어요. 물러날 기미가 보여 붙잡고 싶은 심정입니다. 같은 하늘 아래 있으면서도 떨어져 있어 마음으로만 생각할 뿐입니다. 어제는 찬바람이 불었어요. 오늘은 창가에 앉으니 햇볕이 따사롭네요. 가족들이 하루의 일과를 시작하려 삶의 터전으로 향했는데 나는 아무것도 하고 싶지 않은 날입니다.
 담장 옆을 지날 때 발길이 느려집니다. 발아래 이름 모를 벌레

한 마리 지나갔어요. 오련하게 붙어있는 담쟁이를 보면 발길을 멈춥니다. 바람과 구름이 한곳에 머물지 못하고 흘러갑니다. 돌담 옆에 서서 붉게 물든 담쟁이가 소담히 붙어 있는 풍경을 바라봅니다. 햇살 서너 말을 담은 가을이 담쟁이를 어루만져 주네요. 노오란 은행과 단풍도 좋지만 가까이 있는 담쟁이가 더 좋습니다. 곱게 물든 것을 조심히 두 손으로 떼어 가져와 책갈피에 가지런히 끼워 둡니다. 멀리서 보니 색깔이 더 진하고 예쁘게 보이는지도 모르겠어요. 일부러 찾아와서 반기지도 않는데 제 흥에 겨워 색을 수놓네요. 계절이 서둘러 떠나려 합니다. 늦게 가면 겨울에게 벌이라도 받는가 보죠.

언니는 무슨 계절을 좋아하나요. 저는 가을을 좋아합니다. 낙엽이 보도 위에 뒹굴고 스산한 분위기입니다. 색색의 낙엽들이 따라서 굴러가다 멈추고 다른 잎들이 다시 구르고 있어요. 마음은 소녀 시절로 돌아갑니다. 나이가 들어도 학창 시절에 느낀 감정이 고스란히 있습니다. 편지도 보내고 글도 많이 썼는데 그럴 기회가 점점 줄어드네요.

글을 쓸 때는 마음이 평온합니다. 안정되고 부드러워지는 자신을 느껴요. 속상하고 화나는 일이 있어도 포용할 수 있습니다. 품 너른 가슴을 갖게 돼 삶에 도움이 됩니다. 지금, 이 순간도 포근해요. 늘 언니를 생각합니다. 언니를 생각하면 물푸레나무 같은 그리움이 생겨요. 그리움이 빗물로 스며 흘러요. 몸은 건강한가. 밥은 잘 챙겨 먹는지 걱정됩니다. 생각나세요, 노래방 가서 노래를 녹음했잖아요. 테이프를 발견해 애수, 기다리는 여심, 백만송이 장미를 매일 들어요. 그 시절이 소중하고 그리워집니다. 언제 쉬세요? 노래방 가서 녹음했다가 간직하고 싶어요. 소중한 만남을 위하여 하루는 시간 비워둘게요. 아무것도 가진 것이 없기에 가득 채울 수 있어요.

찬 기운을 품은 하늘이 투명하게 흘러갑니다. 잠자리가 떼를 지어 선회하는 모습은 매혹적입니다. 한창 단풍이 곱게 물드는 시기에 가을과 겨울이 손잡고 있어요. 가을을 마음껏 누리고 있으면 시샘이라도 하듯 차가운 바람과 공기를 한껏 뿜어냅니다. 춥게 느껴지는 이맘때 감정이 풍부해져요. 사랑하는 사람이라도 떠나보낸 듯 허전하고 뻥 뚫린 느낌이 듭니다. 외로움에 견딜 만하다고 생각했어요. 외로움에 그만큼 익숙해졌기 때문인지도 모르겠어요. 계절 탓이겠죠.

가을이면 겪는 열병입니다. 울적한 마음을 달래주세요. 우리도 깊은 산 속 곱게 핀 들꽃인가 봐요. 어디에서 어떻게 피어야 할까요. 사랑하는 제가 있다는 것을 생각하며 생활하세요.

언니가 보낸 빨간색의 편지가 왔어요. 저는 빨간색을 좋아합니다. 바쁘고 힘겨운데 부담을 주지는 않았는지 모르겠어요. 받는 것보다 보내면서 생각하고 느끼는 것을 더 즐겨요. 보내는 기쁨을 만끽합니다. 어쩌다 생각나면 띄우고 받는 행복감을 느끼세요. 사연 보낼 언니가 있다는 것만으로 행복합니다. 언니 편지봉투를 뜯을 때 눈물을 글썽이게 합니다. 삶이란 그렇게 건조하고 짜고 힘든 것일까요. 시간의 더께 속에 누구에겐들 고통이 없겠어요. 나의 삶이라고 늘 기쁘고 보람만 있는 것은 아닙니다. 하루에서는 저녁노을이, 인생에서는 황혼기가 아름답다고 합니다.

 노을도 추위를 타네요. 불타오르는 기세는 느낄 수 없어요. 나무들은 우수수 그 춥디추운 울음을 울 것입니다. 억새꽃의 아름다움은 무리를 이루는 데 있어요. 가늘고 날씬한 허리를 나부끼고 출렁이면서 하얀 꽃들이 파도를 이룹니다. 바람이 낙엽 한 장 안고 갑니다. 바람의 소중함을 몰랐습니다. 땀 흘리면서 일할 때 살랑거리는 바람의 산산한 맛, 그 무엇으로도 표현하기 어려워요. 고단한 몸을 휴식할 때의 뿌듯함은 모든 것을 감격하게 합니다.

 편지를 쓰면서 마음이 따뜻해집니다. 앙상한 가지만 남기 전에 사연 띄웁니다.

− 가을과 겨울 사이에서 은숙이가 −

양념통닭

　오래 묵은 추억은 희미하게 빛난다. 지나간 삶을 떠올리는 것은 그 시간 속으로 잠시 돌아가는 일이다. 저무는 해를 바라보며 문득 삶의 이유를 묻는다. 왜 나는 지금 이 길을 걷고 있는가. 삶의 뒤안길은 때로 안개 자욱한 계곡처럼 짙은 굴곡으로 시야를 가로막는다. 희미한 기억의 조각들이 뒤엉키며 마음속에 파문을 일으킨다.

　지는 해를 다시 뜨게 할 수 없다. 강물도 거꾸로 흐르게 할 수 없지 않은가. 일상의 기억 속에서 누군가를 떠올린다. 가슴에 지니는 것은 포도나무에 포도 열매가 조롱조롱 열리는 것과 같다. 지울 수 없는 기억은 천리향 같은 향기를 내뿜는다.

　친정어머니와 전화 통화할 때마다 어디냐고 물으면 늘 노인정이다. 그러다 보니 점심식사는 노인정에 오는 할머니들과 함께 한다. 정부에서 지원해 주는 자금이 있어 간단한 점심 해결은 노인정에서도 문제없다.

부모님은 특별한 소일거리가 없다 보니 노인정에서 많은 시간을 보낸다. 손자들도 이미 장성해 할머니의 보살핌도 옛일이 되어 버렸고 종일 무료함이 언젠가부터 노인정으로 발길을 돌리게 됐다.

어머니와 전화 통화할 때마다 화제는 노인정에서 생기는 일이다. 오늘은 어느 집 아들이 무얼 사다 주고, 또 어느 집 며느리가 부모님 생신이라며 음식 시켜줬다며 부러움을 한껏 표현한다. 남에게 뭐든지 베풀고 싶어 하는 성격에 은근히 부러웠나 보다. 그럴 때마다 농사하고 수확한 당근, 감자, 콩과 지역에서 생산한 귤과 해산물을 넉넉하게 보내드린다. 제주에 사는 딸이 보냈다고 자랑하면서 노인정 식구들과 나누어 드시곤 했다.

시간의 닻을 내린다. 오랜만의 친정 나들이다. 이번 참에 엄마의 기를 살려드리고자 마음먹고는 어떤 방법이 좋을까 고심한다. 어르신들에게 정성껏 준비한 음식이 최고일 것 같아 요리로 정한다. 어떤 종류의 음식이 좋을까 생각하다 어른, 아이 할 것 없이 누구나 좋아하는 양념통닭으로 결정했다. 누군가를 생각하는 것은 생기 있게 하고 그 힘은 오묘하다. 삶을 지탱하는 근본이며 가슴에 살아있는 사랑이 아닐까.

멀리서 닭 울음소리가 들리는 듯하다. 이곳 닭은 제주 닭보다 크기가 훨씬 작다. 양념을 준비하는 동안 어머니가 생닭을 사 왔다. 제주 생닭만 생각했는데 세 마리로는 도저히 양이 차지 않을 것 같아 한 마리 더 준비해 양념을 한다.

  전분가루, 찹쌀가루, 소금, 후추, 계란, 마늘, 생강, 소주로 양념을 골고루 한다. 양이 많다 보니 큰 양푼에 두 손으로 골고루 양념이 배게 버무린다. 닭을 튀기는데 시간이 꽤 걸린다. 힘든 마음에 잠깐 한 마리 더 준비한 걸 후회는 했지만 그분들이 좋아하는 모습을 상상하며 즐거운 마음으로 노릇노릇하게 닭을 튀겨낸다. 부엌은 튀김의 향기가 어우러져 고소하다.

  닭은 머리에 붉은 볏을 지녔다. 새벽을 알리는 동물로써 울음소리는 귀신을 쫓아낸다고 한다. 어떤 인연으로 누가 사육하고 장만해서 내 손으로 왔는가. 약육강식에 의해 먹히기 위해 태어난 생명이라 수명은 긴데 억울하게 죽음을 당했다. 환경이 좋으면 십 년 이상 산다니 놀랍다. 통계에 의하면 일 년에 한 사람이 먹는 닭은 이십 마리 정도다. 동물과 식물을 섭취해서 사람들은 생명을 이어간다. 수많은 희생물을 만드는 인간이란 생각에 미안해서 마음이 숙연해진다.

  튀겨 놓은 닭에 소스 양념을 버무렸다. 소풍 갈 때 쓰는 어머니의 손때 묻은 사각 도시락에 정갈하게 놓고 통깨를 듬뿍 뿌려 먹음직스럽게 마무리한다. 딸 자랑하고 싶은 마음에 예쁜 옷으로 갈아입으라는 어머니의 말에 순순히 응하고 함께 노인정으로 갔다.

집에서 몇 발짝만 옮겨 디디면 되는 가까운 거리다. 노인정 식구가 열다섯 분이라는데, 딸이 양념통닭을 만들어 간다고 전화통을 붙잡고 씨름하더니 많이 오셨다. 어머니가 담근 김치와 곁들여 드렸는데 맛나게 드신다. 맛있게 드시는 어르신을 보니 마음이 보름달 이상으로 풍성해 어깨춤이 절로 난다. 워낙 털털한 성격이라 노인들 앞에서 정숙한 척 얌전빼는 게 어려워 즉석에서 달타령을 신나게 불러드렸다. 손뼉 치시는 할머니들의 환한 얼굴이 들썩들썩한 분위기를 자아내 흐뭇했다.

그리 넓지는 않은 공간이지만 깨끗하고 주방이 한 곳에 자리하고 있다. 조리 기구와 냉장고도 준비되어 있어 간단한 식사 해결은 문제없어 보인다. 평소에는 식사하며 백 원 내기 고스톱을 치시겠지. 어제 서랍장을 정리하며 얌전히 놓여 있던 동전 그릇이 아마 고스톱 칠 때 쓰려고 모아 놓은 것일지도 모른다.

사랑은 말하는 것이 아니고 마음을 읽는 것이다. 비록 작은 일이지만 어머니의 기도 살려 드렸고, 자랑하고 싶은 딸도 실컷 보여드려 만족하였는지 흡족한 웃음을 지어 보인다. 기세도 당당하게 목소리가 커진다. 딸의 자랑을 더 늘어놓고 싶은 것인지 모른다. 당신은 나중에 가겠다며 먼저 가라 한다. 지긋한 연세의 부모가 자식의 조그만 선행에도 부풀려 자랑한다고 그 누가 나무랄까. 자식 된 입장에서 조용히 뒤에서 지켜봐 드릴 수 있던 하루다.

어머니가 돌아가신 지도 15년이 흘렀다. 고였던 생각들이 흐르다가 멈칫거린다. 구름 한 점이 먹구름 사이를 떠다닌다. 오래전에 쓴 글을 다시 읽으니 시공時空을 초월해 건강했던 어머니와 마주하는 듯하다. 마치 어제 일처럼 그때의 상황이 생생히 떠오른다.

글을 쓰는 것은 이런 매력이 있구나. 쓰지 않았다면 소중한 추억과 만나지 못했으리라. 마음이 묘하게 벅차오른다. 이제는 지나가 버린 돌이킬 수 없는 그리움이 은비늘로 솟는다. 황량한 들길을 홀로 걷는 착각에 빠진다. 텅 빈 마음을 어디서 채워야 할까. 지금도 살아 계신다면 양념을 골고루 묻힌 통닭을 함께 굽고 싶다.

인생의 봄날

행복했던 시절을 떠올린다. 일상에 설렘 한 스푼 더하며 추억에 젖어 든다. 마음을 담아 표현할 줄 모르면 누가 대신해 줄 수 있을까.

보석 가게 하며 신혼생활을 단칸방에서 시작했다. 변변한 세간이 없어 휑하다. 싱크대와 냉장고가 전부다. 방 안에 있는 가구 중에 유일한 사치라면 어항을 들여놓았다. 금붕어의 색깔이 예뻐서 '아롱이 다롱이'라고 이름을 지었다.

결혼 전에 데이트를 자주 못했다. 영업이 끝나면 데이트하러 나갔다. 바람 한 점 없는 밤, 안개 빛 어둠 속에 도시는 잠들었다. 제 세상을 만났다는 듯이 부엉이 우는 소리가 들린다. 남편의 목소리는 파란빛을 띤 듯이 맑다. 박 속같이 하얀 이를 드러내 보이며 벙긋이 웃음을 머금는다. 가을 하늘을 담은 듯 맑은 눈이다.

그때는 각시가 사랑스러워 보였다. 내 마음 자락도 발그레 물이 든다. 화르르 꽃물 번지는 봄날로 데려다 준다. 괜찮다고 해도 막무가내로 업고 몇 걸음 못 가서 내려놓는다. 주위에 있는 사물이 깜짝 놀라 기우뚱거린다.

단칸방에서 생활해도 힘든 줄을 몰랐다. 가게에서 남편이 보석을 세공하며 손님을 상대한다. 입덧이 끝나니 식욕이 왕성하다. 가까이 시장이 있어 생선회를 사다가 달곰히 먹었다. 어찌나 싱싱하고 쫄깃쫄깃한지 모른다. 좋아하는 음식이라 더 맛있다. 남편은 먹음직한 음식이 있으면 잘 챙겨주었다. 그런 아내가 입덧을 하고 배가 불러오니 어찌 예쁘지 않을까. 이런 모습을 흐뭇하게 지켜보던 어머니는 딸이지만 부럽다고 여러 번 말씀하셨다.

한창 입덧할 때, 아버님은 가게 문을 닫는 일요일이면 보고 싶다고 시골에 오기를 바랐다. 그 당시에는 자가용이 없어 버스를 타고 구역질하며 힘겹게 시댁에 갔다. 철딱서니 없고 할 줄 아는 게 없는 며느리지만 사랑해 주셨다. 딸처럼 이름을 불러주니 친근감이 더하다. 아버님은 무뚝뚝하고 표현할 줄 모르지만, 나에게는 예외이다. 시내에 사는 며느리를 봤다고 흐뭇해하셨다. 동네에서 며느리 사랑이 대단하다고 소문이 날 정도다.

첫아들 낳고 내리 아들을 낳았다. 두 번째는 딸을 바랐지만 마음대로 되지 않았다. 아버님은 나이 오십에 손자를 봤다. 얼굴에 웃음이 그칠 새가 없다. 그런 모습을 보니 할 일을 했다는 안도감에 기분이 좋다. 결혼하고 연년생으로 아이를 낳았다. 미처 익숙하기 전에 많은 것을 받아들이기에는 벅차다. 두 아이를 돌보느라 정신을 차릴 수가 없다. 돌이켜보면 그때가 인생에서 황금기가 아니었나 생각한다.

 아이들이 어린이집 다닐 때, 맛있는 음식을 한가득 들고 시댁으로 갔다. 아지랑이가 가물가물 우리를 따라온다. 시댁에 가는 게 마음 편하다. 시부모라고 위엄을 갖지도 않고 순박한 마음으로 대한다. 손자들의 재롱에 마냥 행복해한다. 이런 것이 가슴 따뜻해지는 사랑이지 싶다.

 살아가면서 어찌 행복할 수만 있겠는가. 삶이란 봄바람같이 따스하거나 잔잔한 물결같이 고요한 것만은 아니다. 시간이 흐르면서 서운할 때가 있다. 내 입장보다 다른 사람의 입장에서 생각한다. 두부를 네모반듯하게 자르듯이 나무란다. 마음이 없으면 보아도 보이지 않고 들어도 들리지 않는다. 마른 잎사귀처럼 부스러질 것만 같은 기분이다. 찢긴 깃발처럼 초라하고 외롭게 나부껴야만 한다.

 같이 사는 사람만 이러는 건 아니다. 좋을 때도 있고 싫을 때도 있다. 무심한 듯 모르는 척 넓게 생각하면 편하다. 편하기 위해 이렇게 살고 있다. 조심하며 닦고 살아도 잘못을 한다. 세상은 살아가기 힘들다. 꽃길만 가는 사람은 없다. 웅덩이도 만나고 자갈길도 걷는다. 그렇다고 뜨겁게 살 수 없다 하여 차갑게 살아야 한다는 법도 없지 않은가.

 자식은 어릴 때 재롱을 다 부려서 부모에게 훗날까지 그 모든 걸 효도했다고 한다. 남편에게 사랑을 많이 받았다. 지금은 덜 받아도 거의 받지 않는다 해도 그 힘으로 지탱할 수 있다. 지탱해야만 한다. 오히려 사랑해 줘야 할 때가 아닌가.

 "백 년 살 것도 아닌데 한 사람 따뜻하게 하기가 어찌 이리 힘드오."라는 작가의 말이 떠오른다. 상처를 주지 않으며 사랑하기란 어렵다. 소리 없이 아픔을 감싸준다는 것은 얼마나 아름다운 일인가.

 인생의 봄날은 이제부터다.

빛바랜 일기장

사람들은 언제나 크고 작은 핑계를 늘어놓으며 무언가를 하지 않는다. 바쁜 현대인의 삶은 그런 핑계를 더욱 부추긴다. '시간이 없다'는 말이 입버릇처럼 굳어져 마음속 깊은 도전의 싹은 조용히 시들어 간다. 하지만 십 년만 젊었더라면, 혹은 조금 더 시간이 있다면 이라는 후회는 결국 미련으로 남는다. 그때 할 수 있었던 일은 지금도 충분히 가능하다.

당장 바쁘고 시간이 여유롭지 않아 실행하지 못할 수도 있다. 하지만 시간이 있다고 해서 하는 게 아니다. 문제는 나이가 아니다. 의지가 있느냐 없느냐, 열정의 크기다. 사람이라면 누구나 마음 한편에 이루고 싶은 꿈 하나쯤 품고 있지 않을까.

비가 와서 시간이 여유롭다. 라디오에서 나나무스꾸리의 샹송이 은은하게 속삭인다. 노랫소리에 흠뻑 젖어서 그 속에서 헤어 나오기가 힘겹다. 허우룩한 감정이 들면 서랍 속에 누워 있는 일기장을 꺼내 읽는다. 내용이 어제의 일인 양 선연하게 떠오른다. 지난

날의 추억을 들추어 보는 재미가 쏠쏠하다. 그때의 시간으로 돌아가 멈춘다. 나이를 거슬러 타임머신을 타고 과거로 가면 이상야릇한 설렘이 일렁인다.

일기를 처음 쓴 것은 초등학교 코흘리개 시절부터다. 어떤 동기에서 썼는지는 기억이 나지 않지만, 침 묻혀가며 연필로 꾹꾹 눌러 썼다. 받침이 틀리고 글이라기엔 거칠고 엉성하지만, 정감이 가고 그 무엇보다 소중한 보물처럼 느껴진다. 고학년이 되면서 날씨도 기록되었고, 가끔씩 간단한 그림도 그려져 있어 제법 세련미가 엿보인다. 하루라도 거르면 큰일이라도 나듯이 무던히 썼던 지난날이다.

연필로 쓰던 일기장이 중학교 때부터 볼펜으로 바뀌고 학교생활의 변화가 컸는지 학교에서 있었던 내용을 다루었다. 지금도 뚜렷이 기억나는 건 중학교 때 강제적으로 일기를 쓰라고 해서 검사하던 시절이다. 다른 애들은 대충 써서 검사하기에 급급했으나, 나는 습관이 돼 있다.

사춘기 때는 그날의 일상적 내용보다는 감성적 마음의 변화가 큰 비중을 차지했고, 좀 지루하다 싶으면 보낸 편지를 그날의 일기로 옮겨 적었다. 그러다 보니 카드, 엽서, 독후감도 기록되었다. 받은 편지와 엽서는 간직하고 있지만, 정작 보낸 내용은 모르기에 그 시절 TV에서 가요 프로가 유명했는데, 인기 순위도 꼼꼼히 적혔고, 소소한 옆집의 일까지 적혀 있는 것을 보니 할 일도 없었다는 생각에 엷은 미소가 번진다. 컴퓨터가 일상화되지 않은 시절이라 편지는 비중 있는 소통의 방편이었고 기록으로 보관할 유일한 수단이었다.

결혼하고 남편 생일 때는 예쁜 편지지에 꼬박꼬박 편지를 썼다. 그 내용을 일기장에 옮겨 적는 건 기본이다. 처음엔 사랑한다, 행복하다였다. 그러다 애들이 커가면서 애들 얘기, 미래라든가 꿈 앞으로의 계획을 적었다. 한 십 년쯤 쓰다 보니 항상 그 내용이고 신혼 시절의 애틋한 마음도 바래지고, 나중에는 쓸 내용이 없다. 그러니 편지를 쓰지 못했다.

무심히 지내다가 가끔은 이게 아닌데 싶어 밥상에 앉아서 뭔가에 쫓기듯 글을 썼다. 그러면 알지 못했던 마음도 알게 되고, 한 차례 비 온 뒤 세상이 깨끗해짐을 느꼈다. 지금 생각해도 그리 열심히 죽자 살자 썼는지, 누가 하라고 협박한 것도 아닌데.

지나간 일을 떠올릴 때, 중요한 일을 체크할 때, 일기장을 뒤적거리면 비서처럼 중요한 나의 백과사전이 되어 있다. 지금은 일기를 그때같이 매일 쓰지 않지만, 일기장이 아닌 나만의 노트가 있다. 지금은 그 노트가 효자 노릇을 한다.

지인들 생일과 제사 그날 있었던 일들의 간단한 내용이 쓰였다. 농사에 필요한 농사일지가 많다. 작물을 파종한 날짜, 무슨 농약을 살포하고, 어느 인부에게 지불한 인건비까지 다 적혔다. 어릴 때부터 일기를 쓴 습관이고 삶을 올바르고 윤택하게 만들어 주는 밑바탕이 됐다.

 일기장을 다시 꺼내 읽어본다. 십 대는 근심·걱정·고독으로 꽉 찼다. 이십 대는 인생무상과 허무로 빼곡히 채워졌다. 마치 인생을 다 살아서 빈껍데기만 남은 노인의 글 같다. 얼마나 풋풋하고 상큼한 나이인가. 그때는 깨닫지 못하고 먼 훗날 나이가 들어서 뒤돌아볼 때야 깨닫는다.

 청춘을 보내고 청춘일 때 고민했던 감성을 상기하며 지난 시간을 지그시 바라본다. 삶의 무게에 짓눌려 살지만 편안한 노년을 보내기 위한 준비라 생각한다. 현재인 지금을 사랑한다. 지금 힘들다는 것은 살아있다는 증거가 아닌가.

 마음 한편이 파문이 일어 너울댄다. 어디선가 들리는 어떤 것을 듣는다. 생명의 소리는 영혼의 소리다. 가만히 있으면 무언가 잘 들리기 시작한다. 무엇인지 알 수 없는 소리가 멀리 나아간다. 이것이 지쳐가는 지금의 나를 살게 한다.

 일기 쓰기는 화나고 서운했던 감정과 걱정에 움츠러들던 순간과 나쁜 기억들을 억지로 떼어내고는 '진짜로 간 것이냐'고 확인하는 과정이다. 비워내는 일은 쓸모없어진 물건을 버리는 일만큼이나 마음속 불필요한 것들을 털어내는 행위인지도 모른다.

오늘은 하루 종일 산중에 봄비입니다

문 열면 그대 가듯 가만가만 가고

문 닫으면 그대 오듯 가만가만 옵니다

문 닫으면 열고 싶고

문 열면 닫고 싶고

그 두 맘이 반반입니다

한 맘이 반을 넘어

앞산 뒷산 산산이 다 초록이 되어버리고

그대가 내 맘 안팎에서 빨리

미워졌으면 좋겠습니다

내 맘은 지금 비 지나는

물 위 같습니다

자꾸 동그라미가 그대 얼굴로

죽고 삽니다

오늘은 하루 종일 서성여도 젖지 않는

산중에 오락가락 봄비였습니다

- 김용택 「초봄, 산중일기」 전문

2부

삶의 소소한 기쁨과 위로, 기다림과 설렘이 녹아 있는 라디오가 이 행복한 세상을 오래도록 만들어지기를 바라며, 오늘도 라디오의 볼륨을 천천히 높여 본다.

흙 내음에 묻은 시간의 빛깔

봄은 수채화다. 훈풍이 갈맷빛 보리밭을 가르마 타며 지나간다. 하늘을 머리에 이고 들녘에 쏟아지는 햇빛은 눈부시다. 들의 푸름은 꽃 못지않게 아름다움으로 물결친다. 햇빛은 베푼다는 생각 없이 내리쬐어 곡식을 익히고 과일을 열매 맺게 한다.

비는 생색내지 않고 촉촉하게 마른 대지를 적신다. 그 모양과 색깔은 다르지만, 각자의 자리에서 묵묵히 제 할 일을 한다. 물건이든 사람이든, 자기가 있어야 할 자리를 잘 찾아 앉아야 한다. 세상 만물 가운데 자리를 거스르는 건 사람뿐이다. 밥그릇에 있어야 할 밥이 뺨에 붙거나 옷에 묻어 있다면 얼마나 황당할까.

자리를 찾기 위해 밭에 간다. 영역을 넓히기 위한 끊임없는 유영이다. 처음에는 농사일이 서툴렀다. 인부를 구해 일할 날짜를 정하면 며칠 전부터 머리가 아팠다. 비가 와서 일을 못 했으면 하고 바라던 적도 있다. 십 년이 지나가니 비가 오지 말아야 할 텐데 하는 걱정이 앞선다. 편안함을 안겨주는 초록의 바다 한가운데서 생각에 잠긴다. 여기가 내가 찾은 나의 자리다.

작년 가을에 쪽파를 파종했다. 김치도 담그고 맛있는 채소의 역할을 한다. 오랫동안 놔두면 잎사귀는 노랗게 변해서 쓸모가 없다. 며칠 전에 낫으로 잎사귀 베고 뿌리는 캐어 다음 해 종자용으로 잘 건조했다. 씨 쪽파의 역할을 한다.

수확한 쪽파를 망사에 담는 날, 일찍부터 서둘러 국수를 삶고 밭으로 갔다. 어린이집이 쉬는 날이라 막내를 데리고 나섰다. 큰 주전자에 그득 담은 국물이 흘러넘칠세라 주둥이와 뚜껑을 호일에 씌워 단단히 봉했다. 천천히 운전하고 간다. 태양 아래서 고개를 들던 세상은 다소곳이 고개 숙여 제자리를 찾는다. 피곤하고 지쳤을 때, 함께 있어 줄 수 있는 아량을 가지고 있는 존재가 자연이다. 바람 속에서 세월이 오는 소리가 들린다.

인부들은 새벽부터 나와서 일을 한다. 어느 정도 시간이 지나면 식사를 하는데 먼저 반찬을 떠 놓는다. 국수를 담은 그릇에 육수 국물을 넉넉히 붓고 고춧가루와 통깨를 뿌려서 내놓는다. 진하게 우려낸 육수 냄새에 군침이 돈다. 식사가 끝나면 가스에 얹어 두었던 주전자에서 수증기를 토해내면 커피를 타서 쟁반에 놓는다. 밭에서는 격식이 없어도 흥이 안 된다. 있으면 편하고 없으면 없는 대로 해결이 된다.

간식과 커피를 마시고 나면 다시 일을 시작한다. 시내에 사는 시

동생 부부가 일손을 도우려고 왔다. 동서는 여섯 살과 일곱 살인 남매가 있다. 우리 막내가 다섯 살이니 사촌끼리 연년생이다. 아이들은 흙장난하다 싸우기도 하고 울다 웃다 야단법석이다. 일곱 살 난 조카가 조금은 더 컸다고 양보를 한다.

일이 한창이다. 할머니들은 네모난 바구니에 쪽파를 넣는다. 나이 어린 인부들은 그것을 망사에 담는다. 그러면 남자 인부들은 31킬로그램씩 맞춰 저울에 단다. 흙먼지가 폴폴 날리니 얼굴이 새까맣다. 열심히 일하다 보니 어느새 점심때가 됐다.

점심상을 차리니 잔칫집같이 왁자지껄 맛있게 먹는다. 아이들도 뛰어다녀서 배가 고픈 모양이다. 검은 얼굴에 옷이 더러워져도 아랑곳하지 않고 밥을 먹는다. 일한 뒤 밭에서 먹는 한 끼의 식사보다 더 맛있는 음식이 있을까. 밭에서 먹는 음식이 별나고 고급스러울까마는 집에서보다 야외에서 먹는 음식이 맛있다. 한 끼의 식사도 무엇을 하고 먹느냐에 따라 맛이 다르다.

인부를 구해보면 젊은 사람은 밭에서 일하는 것을 꺼린다. 받는 돈에 비해 일이 고된 것도 있지만 손에 흙을 묻히길 싫어한다. 청년들이 일자리가 없어서 힘들다. 농사일이 힘들고 고달지만 농산물을 수확할 때 뿌듯함을 느끼면 생각이 바뀔 수도 있지 않을까. 쉽게 얻어지는 것은 가치가 덜 하다. 어렵게 얻어지는 것만이 오래 남는다.

오후에 간식을 사기 위해 아이들과 마트에 간다. 에메랄드빛 하늘을 머리에 이고 훈풍이 빗질하는 파란 보리밭 길을 지나간다. 밭마다 인부들이 농산물을 수확하느라 바쁘다. 술렁대는 마음이 거친 삼베 같다. 누구 할 것 없이 흙먼지가 뽀얗게 일어서 까매지고 옷이 흙투성이다. 농사철에 농부의 차림새다.

  밤과 낮에 하는 일이 다르다. 어두운 것이 싫어 태양을 보내지 않고 붙들고 있다면 사람들은 잠을 자지 못해 불면증에 걸려 병이 생기리라. 생각 없이 진행되는 것 같아도 법칙이 있고 질서를 지키며 산다. 서민은 지키려 애쓰는데 높은 곳에 앉아 있는 분은 어떤가. 중요한 것을 헌신짝 팽개치듯 버렸다. 자릿값을 해야 하지 않을까.

  간식을 사고 오는 길이다. 짙푸른 세상을 향해 줄기처럼 뻗어나간다. 나는 어디까지 와 있는가. 삶의 흔적으로 명함 한 장을 내민다. 차에서 아이들은 아이스크림 먹으며 떠들고 난리다. 건강한 생동감에 행복한 기분이 든다. 간식을 기다릴 인부를 생각하며 서둘러 밭으로 간다. 밭일은 몸으로 하는 일이라. 아픈 다리도 쉬며 맛있는 음식도 먹어야 기운이 난다. 더운 날씨에 갈증을 풀어줄 시원한 수박 한 조각에 웃음꽃이 피어오른다. 새들도 기웃거리며 맴돌다 음식을 같이 먹는다.

  머문 듯 가는 세월이 십 년이다. 현란한 것은 진정한 아름다움이 아니다. 세월을 휘감은 피로감이 통쾌하게 사라진다. 비단 눈에 보이는 사물만 바뀌는 건 아니다. 농사일을 할 수 있을까 걱정했다. 늘 청바지처럼 질긴 구김을 두려워하지 않으며 살고 싶다. 시나브로 가랑비에 옷이 젖듯 농부의 아내가 되어간다.

  아련히, 지난 시간을 되짚어본다. 초보 농부의 아내로 지내며 몸은 힘들고, 마음은 더 깊은 나락을 맛보기도 했다. 늘 성실한 남편이 앞서 걸으면, 마지못해 따라섰다. 농사의 보람은 수확이다. 대농으로 살아온 지난 세월 쪽파를 팔아 큰돈을 손에 쥐었다. 그 순간 부부의 얼굴에 함박꽃이 피었다. 농사의 열매란, 바로 이런 기쁨 아니겠는가.

라디오가 만드는 행복한 세상

 외출했다가 집에 들어오면 제일 먼저 부엌 선반 위에 있는 라디오를 켠다. 시간대별로 MBC, KBS, FM 가리지 않고 듣고 전파 방향이 좋은 프로를 선택한다. 텔레비전은 쳐다보지도 않는다. 드라마에 빠지면 집안이 엉망이 되어도 손댈 생각을 할 수 없다는 게 이유 중의 하나다.
 이 습관은 지금 생긴 게 아니고, 먼 과거로 거슬러 올라가야 하겠다. 고교 시절 내 방에선 밤이 깊은 줄도 모르고 책상에 앉아서 소설책 펴 놓고 라디오에 귀를 기울였다. 지금도 생각나는 건 3대 별밤지기인 이종환의 '별이 빛나는 밤에' 그 음악 프로에 심취해서 헤어 나오지를 못했다. 50년 역사를 자랑하는 최장수 프로그램이다. 지금은 27대 별밤지기 김이나가 진행한다. 별밤을 방송하는 DJ를 별밤지기라고 부른다.
 별이 빛나는 밤에 주제 음악을 들으면 가슴이 두근거리고 설렌다. 학창 시절 감수성이 풍부할 때 들던 음악이라 편안하다. 삶에 대한 다양한 경험이 있고 젊었을 때 느끼지 못한 감정이 생긴다. 청춘일 때보다 모든 것이 여유롭다. 오십 대 접어드니 아이들이 성장해서 시간이 조금씩 생겼다. 지금도 바쁘지만, 꾸준히 취미 활동도 할 수 있어 현재에 만족한다. 타임머신이 있어 과거로 돌아가라고 해도 시간에 쫓겨 설레발치던 그때로 돌아가고 싶지 않다.

오늘 아침은 한가하여 느긋한 마음으로 라디오를 켜고 볼륨을 높였다. 마침, MBC 프로그램 제주 여성시대에서 알뜰장터를 운영하는 목요일이다. 컴퓨터가 나오면 좋겠다고 생각하며 유심히 품목을 들었다. 자전거가 나오고 드디어 컴퓨터가 소개되었다.

아! 컴퓨터, 우리 집 컴퓨터를 사들인 지 오 년이 지났다. 현재 상태가 좋지 않다. 지면에다 초고를 쓰고 컴퓨터 파일로 저장하며 수정하는데, 불편하던 참이다. 컴퓨터는 본체, 모니터, 스피커 모두 포함 칠만 원. S회사 제품이라 애프터서비스도 된다니 흠잡을 데가 없어 욕심이 났다. 얼른 알뜰장터에 전화하니 통화 중이다. 몇 번 시도 끝에 통화했다. 현재 아침 열시 반인데 정오까지 '아름다운 가게'에 추첨하러 오라고 한다.

장소는 제주시 동문로터리 산지천 근처다. 집에서 승용차로 달려도 사십 분 이상의 거리다. 당첨이 안 되면 허망하게 돌아와야 한다. 누구를 불러서 가라고 할까. 몇 번을 고민했다. 아무리 생각해도 평일 황금 같은 시간에 나가 줄 사람이 있을까. 혹, 아들이 자취방에 있겠다 싶어 대학 다니는 큰아들에게 전화했다. 마침 동문로터리에서 가까운 거리에 있다. 상황을 이야기하고 빨리 서두르라니 연년생인 작은아들도 있어 같이 간단다.

 기다리는 두 시간가량 어쩔 줄 몰라 설레발쳤다. 역사적 사명을 갖고 하는 일인 양, 드디어 아들에게 연락이 왔다. 빨리 건너오란다. 휴대전화를 집에 놓고 온 것도 모를 정도로 설레고 마음이 바빴다. 어떻게 해서 당첨이 됐을까. 갖가지 상상의 나래를 펼치며 '아름다운 가게'로 들어섰다. 두 아들이 들뜬 표정으로 기다리고 있다. 계산하려니 큰아들이 미리 다 했단다. 현금이 필요할 것 같아 은행에 들러 왔다고 한다.

 컴퓨터를 승용차에 싣고 설레는 마음으로 상황을 들었다. 처음 한 팀에 10명씩 세 팀으로 나눠 가위바위보해서 최종 이겼다. 떨어진 사람은 다들 부러워서 쳐다보더란다. 가게 주인이 구매 동기를 물으니 글 쓰는 엄마에게 드리고 싶다 해서 착한 아들이라고 박수까지 받았단다.

 아들과 콧노래를 부르며 집으로 왔다. 오는 길은 꽃길이 한없이 펼쳐졌다. 아들은 서툰 엄마를 대신해 컴퓨터를 설치하고 기존의 파일을 옮겨 주었다. 약속이 있다며 부랴사랴 집을 나서는 뒷모습이 든든하고 믿음직스럽다. 바쁜 시간을 쪼개 엄마를 행복하게 해주는 아들이 있어 행복하다.

주변에서 알뜰장터를 보게 된다. 나에게는 불필요한 물건이지만 꼭 필요한 사람도 생긴다. 아이들의 옷도 낡아서 못 입는 것보다 작아져서 쓸모없게 되는 경우가 많다. 늦둥이 아들은 제 사촌들의 옷을 물려받았다.

물건이 넘쳐나서 그 소중함을 인식하지 못한다. 버리기 전에 필요한 사람은 없는지 한번쯤 생각해 보는 것도 좋겠다. 환경도 살리고 가계비도 절약하는 일거양득의 효과를 얻을 수 있다.

라디오는 모자 사이를 이어주는 따뜻한 다리다. TV와 인터넷이 발달해 세상은 빠르게 변했지만, 여전히 많은 이들의 마음을 어루만지는 숨은 동반자다. 삶의 소소한 기쁨과 위로 기다림과 설렘이 녹아 있는 라디오가 행복한 세상을 오래도록 만들어지기를 바란다. 오늘도 라디오의 볼륨을 천천히 높인다.

야행성

 야행성이라 그런가. 학창 시절에는 다 잠든 고요한 밤이면 눈이 초롱초롱 빛나고 몸에서는 힘이 솟구쳤다. 멀리서 부엉이 우는 소리가 아련하게 들려오면 낯선 밤의 정취가 더욱 짙어졌다.
 라디오 켜 놓고 혼자 분위기도 잡아 보고, 세탁기가 없던 시기라 수돗물 크게 틀어놓고 흥얼거리며 빨래를 했다. 하얀 옷을 삶고 여러 차례 헹군 뒤 빨랫줄에 널면 마음까지 개운해졌다.
 지금도 제삿날에는 일을 다 끝내야 잔다. 할 일이 있으면 몇 시가 되든지 다 해 놓고 잔다. 다음날 바빠서도 그렇지만 일찍 일어나는 게 버겁다. 마음 편하게 자기 위해서다. 습관도 환경에 따라 바뀐다.
 살아있다는 것은 고난의 연속이다. 무엇이 이토록 혼란스럽게 만드는가. 아니다. 스스로 만든 것도 있다. 삶의 길이란 살아갈수록 더 헷갈린다. 농사짓는 일과 풍습은 조금씩 배우고 익히면 되지만, 잠에 쫓기는 일은 늘 처음처럼 힘들다. 일찍 일어나는 아침형 인간이 부럽다. 일찍 자도 새벽에 깨어나면 종일 피곤함이 그림자처럼 따라다닌다.

꿈인 줄 알면서 꾸는 가능성 없는 꿈도 꾸었다. 눈을 떠야 한다는 겉마음과 뜨고 싶지 않은 속마음 사이에서 가리산지리산 서성거린다. 손가락 하나 까딱할 힘이 없어 몸은 가루로 부서지고 물같이 흘러내린다. 몸이 땅속으로 꺼지는 듯한 착각에 빠진다. 몸도 힘들지만, 마음은 더 깊은 나락으로 떨어져 어디론가 줄행랑친다. 누구에게나 고통은 있기 마련이지만 감추고 사는 것일 뿐이다.

다시 태어나면 어떻게 살고 싶어? 살다 보면 한번쯤 다른 사람에게 받거나 스스로 하는 질문이다. 박경리 작가도 그런 질문을 받았다.

다시 태어나면/ 무엇이 되고 싶은가/ 젊은 눈망울들/ 나를 바라보며 물었다

다시 태어나면/ 일 잘하는 사내를 만나/ 깊고 깊은 산골에서/ 농사짓고 살고 싶다/ 내 대답

돌아가는 길에/ 그들은 울었다고 전해 들었다/ 왜 울었을까

홀로 살다 홀로 남은/ 팔십 노구의 외로운 처지/ 그것이 안쓰러워 울었을까/ 저마다 맺힌 한이 있어 울었을까

> 아니야 아니야 그렇지 않을 거야/ 누구나 본질을 향한 회귀본능/ 누구나 순리에 대한 그리움/ 그것 때문에 울었을 거야
>
> -박경리 「일 잘하는 사내」 전문

소박한 삶에 대한 그리움을 담은 깊은 답변이다. 작가는 자신을 이야기할 때 "내가 행복했다면 문학을 하지 않았을 것."이라고 말했다. 굴곡진 삶이 문학으로 녹아들었다.

남편은 일찍 자고 일찍 일어나는 아침형 인간이다. 전날 과음을 하고 늦게 자도 새벽 그 시간이면 눈을 뜬다. 가장으로서 책임감도 있지만, 일찍 일어나는 게 습관이 됐다. 남편은 밭에 가지 않는 날도 곤히 자는 나를 흔들어 깨운다. 잠이 오지 않는다면서, TV도 크게 튼다. 난, 시끄러운 소리에 어쩔 수 없이 일어나곤 한다.

어떤 집은 밭에 가야 할 시간에 일어나지 않는 남편 때문에 애를 먹는데, 우리는 그런 이유로 다툰 일이 단 한 번도 없다. 자기 할 일은 얘기하기 전에 하기에, 내가 그 뒤를 졸졸 따라다니는 편이다. 불만이 영 없는 것은 아니지만 성실한 남편이 늘 고마울 따름이다.

이제는 인부들과 밭일을 할 때는 모닝콜 맞춰 놓고 내일 먹을 음식과 그릇을 준비한다. 전쟁에 나가는 병사처럼 일사불란하게 모든 것을 챙긴다. 농사일을 십 년 넘게 하니 이력이 생겨서 척척박

사로 길들여진다.

  초보 농사꾼일 때, 남편이 깨우면 앉아서 한참 눈을 감고 있다가 정신을 차렸다. 잠자는 습관을 변경해서 아침형으로 바뀌는 과정이 힘겹다. 습관은 바꾸기 어렵지만, 바꾸어야 한다면 즐겁게 모닝콜도 신나는 음악으로 설정했다.

  저명한 수면 전문의가 말하길 '잠은 손님과 같다.'라고 했다. 손님을 맞이하기 전에 집안을 치우고 정리하듯, 침실도 잠을 자는 데 불필요한 것은 치워야 효과적이라고 한다.

  많은 사람이 새벽에 명상과 독서를 하고 운동도 한다. 아침형 인간이 성공한다는 말을 들었다. 창의적인 직업에 종사하는 사람은 저녁형 인간이 많다.

  피곤하면 잠깐씩 낮잠을 잔다. 잠을 잘 자야 뇌 안을 청소하듯 노폐물을 씻어낸다. 잘 자는 사람은 그렇지 않은 사람보다 더 행복하지 않을까. 그래서 긍정적인 기억을 잘한다. 나에게 잠은 삶의 영양소이며 살아가는 원동력이다. 아침형이든 야행성이든 어떤 기준에 맞추기보다 힘들어도 웃으며 일어나려 애쓴다. 그러면 하늘도 바다도 나무도 더 빛나 보인다.

서산에 노을처럼

삶은 참으로 덧없다. 서천으로 넘어가는 붉은 해를 붙잡을 수 있을까. 망망대해로 흘러가는 물결을 누가 멈추게 할 수 있을까. 세상의 불공평함 속에서도 죽음만은 모두에게 평등하다.

평소 허물없이 지내는 올케언니로부터 문자메시지가 왔다.

"은숙아, 나쁜 소식 전하게 돼서 마음이 착잡하다. 어머니께서 '암' 판정을 받았다. 어머니는 모르고 있으니까 티 내지는 마라."

이게 무슨 말인가. 갑자기 접하게 된 소식에 정신이 몽롱하고 어리둥절했다. 인부들과 한창 밭 작업을 하는 상황이어서 누구에게도 내색하지 못했다. 집에 돌아와서 상태가 어느 정도인지 올케언니에게 전화를 했다. 담낭암 3기이며 다른 장기로 전이됐을 가능성이 있다는 것이다.

애써 마음을 가다듬고 어머께 전화했다. 친구처럼 지내는 모녀지간이다. 모르는 척 안부를 여쭤본다. "요즘 건강은 어떠세요." 그 말에 옆구리 아픈 지가 한 달이 되었고, 오빠에게 얘기하면 짐

될 것 같아서 아버지하고만 병원에 다녔다고 했다. 진통제 먹으면서 견디고 있다면서, 많이 안 좋은 느낌이 든다. 병원에도 자주 다니고, 종합검사도 여러 번 했는데, 이런 일이 일어난 것일까. 어머니의 걱정으로 안절부절못하며 지냈다.

며칠 후 언니한테서 어머니가 수술을 받게 됐다는 연락을 받았다. 마음이 다급해지기 시작했다. 잘못될 수도 있으니, 와서 얼굴이라도 보라고 한다. 먼 것 같았던 걱정이 와락 내 곁으로 다가온 느낌에 마음이 더 무겁다.

이런 일이 있으면 누구를 만나야 하나. 고민이 있거나 힘겨울 때면 동네에 있는 절에 가서 비구니 스님과 의논하곤 한다. 그러면 마음이 편안해지고 위로가 된다. 늦은 저녁에 스님을 뵙고 어머니의 상태를 얘기했다. 스님은 열심히 기도하라며, 육신이 죽는다고 영혼이 없어지는 게 아니라고 했다. 다른 생으로 태어나니 너무 슬퍼하지 말고 마음을 굳게 가져야 한다며, 어머니에게 그래야 힘을 줄 수 있다고 했다.

불교에서는 수레바퀴가 끊임없이 구르는 것을 윤회라고 한다. 번뇌와 업에 의하여 삼계육도三界六道의 생사 세계를 그치지 않고 돌고 도는 일이다. 스스로 지은 대로 받는다는 자업자득에 기초를 둔다.

군에 입대하기 위해 휴학하고 있는 아들에게 이야기하니 같이 서울엘 따라간다는 것이다. 마음이 든든하다. 아침 일찍 챙겨서 서울로 올라왔다. 예정보다 일찍 수술 시간이 잡혀서 이미 수술실로 들어갔다. 어머니를 뵙고 힘내시라 말씀드리고 싶었는데 아쉽다. 수술하는 동안 가족 대기실에는 아버지와 오빠, 언니가 초췌한 모습으로 기다리고 있다. 수술이 길어질 수도 있고 상태가 안 좋으면 빨리 끝날 수도 있다.

두 시간이 흘렀을까, 시간이 지날수록 안심이 된다. 보호자 찾는 음성이 들린다. 우리 가족은 불길한 마음을 애써 누르며 누가 먼저랄 것도 없이 우르르 몰려가서 의사를 만났다. 보호자 한 명만 수술실에 들어가서 상태를 보라는 것이다. 오빠가 대표로 들어갔다. 잠시 후 나온 오빠의 얘기는 절망적이다. 담낭암 말기라 지금 암을 제거하면 체력이 약해서 견디지 못하고 빨리 돌아가실 수도 있다. 아무런 조치도 취하지 못하고 수술을 끝냈다.

몇 시간 후 마취에서 깬, 어머니의 모습 힘든지 더 늙어 보인다. 약할 대로 약해진 체력, 어머니 말씀이 "이 나이에 내가 얼마나 더 산다고 수술 하냐."며 극구 싫다는 것을 자식들이 해 볼 것은 다 해봐야 한다며 수술을 했다. 병실에 와서 무통 주사를 맞고 있으니 통증을 못 느낀다. 어머니를 안심시키기 위해 수술이 잘 됐다는 거짓말로 위로해 드렸다. 마음은 찢어지듯 아팠지만 표현할 수 없다.

의사의 말은 6개월 정도 산다는 것이다. 자식으로서 부모님이 더 살길 바라는 마음은 다 똑같다. 오래 사는 것도 중요하지만, 건강하게 오래 살기를 바란다. 이 상황에서 기적이 생긴다면 얼마나 좋을까. 아파도 덜 아프게 해주세요. 마음속으로 빌었다.

살아있는 생명체는 언젠가는 사라진다. 그것이 두려운 게 아니다. '암' 중에서도 담낭암이 흔하지 않은 암이고 통증이 심하다는데, 얼마나 고통스러워하며 지내다가 돌아가실지 그게 더 걱정이다.

병원에서 며칠 동안 어머니와 많은 이야기를 했다. 수술이 잘 돼서 퇴원할 수 있는 것으로 알고 있다. 그렇게 된다면 얼마나 좋을까. 어머니의 상태가 안정 되어간다. 미음도 먹고, 혼자 걸어서 화장실도 다닌다. 마음은 쓰라리고 아프지만 모르기에 마음 편히 가지라고 이르면서 모든 병은 마음먹기 달렸다고 했다.

태양이 하루 종일 몸을 태워 세상을 밝게 비췄다. 이제 그 지친 몸을 쉬고 달님에게 인수하고 사라져야 할 찰나이다. 몰려오는 검은 먹구름을 가슴에 안고 창가에 앉아 노을이 지는 서녘 하늘을 바라본다. 밤바람도 많이 싸늘해졌다. 한 계절이 가고 있는 것을 피부로 느낀다. 어머니의 마지막 생을 보며 언젠가는 다가올 미래를 생각한다. 생을 마감하면 후회되는 것은 무엇일까. 누구는 매일 유언을 쓴다는데 오늘이 마지막 날을 보내듯 정성을 다해 살아야겠다.

꿈꾸지 않는 사람이 있을까. 인생을 마감할 때 남는 게 없다는 사실은 뼈아프다. 이루고자 한 꿈을 향해 최선을 다할 때 비로소 '아무것도 없다.'는 허망함은 멀어진다. 인간에게는 생로병사生老病死의 고통이 있다. 그것을 피할 수 있는 사람은 그 누구도 없다. 자연의 순리대로 서산에 지는 노을처럼 곱게 생을 마감할 수는 없을까. 설렁설렁 낙엽이 지듯 자연스럽게 생을 마감하면 얼마나 좋을까.

아들에게 보내는 편지

한 해가 저물고 새로운 해가 떠올랐다. 가을에 입대했는데 벌써 한겨울을 맞았구나. 바람이 차고 기온이 뚝 떨어진다. 아들로 태어나 건강한 몸과 마음을 지니고 있어 고맙다. 충실히 지내고 있다니 안심이 된다. 보내준 핸드폰과 옷, 운동화 잘 도착했다.

군대가 어떤 곳인지 알지 못하지만, 어디에 있든 잘 적응하리라 믿는다. 네가 123번 모자를 쓰고 엎드려 총 쏘는 장면을 작은엄마와 함께 홈페이지에서 봤다. 자랑스럽고 대견했다. 어릴 적부터 스스로 할 일을 척척 해내는 아이였으니 기특하구나.

이거 아니? 둘째가 형 군대 보내고 잘 다녀오라는 이야기도 못 했다면서 울었다. 피시방에서 홈페이지에 글을 쓰면서 서럽게 울었다는 말을 듣고 깜짝 놀랐다. 쌍둥이처럼 지내던 형이 없어 서운하겠다고 생각은 했다.

엄마는 울지 않고 담담하게 보냈다. 다른 엄마들은 택배로 보내온 옷을 보고 울었다고 한다. 집배원 아저씨가 문자 보낼 때 옷이 왔겠구나 싶어 마음이 착 가라앉았다. 막상 옷을 보니 바르게 개켜있어 꼼꼼한 아들의 성격을 보니 흐뭇했다.

 첫 편지 받고 생각 없이 읽었다. 읽고 또 읽는데 눈물이 나더라. 군 생활이 어찌 힘들지 않겠니. 대한민국의 아들로 네가 있어 행복한 우리의 가정이 있음을 생각한다. 아빠도 너를 보내고 잘 적응하는지 힘들지는 않은지 걱정한다. 아빠 마음 알지?

 당근과 감자 농사 잘돼서 밭떼기로 팔았다. 겨울에 시내 가서 아파트 산다고 집 보러 다닐 계획이다. 어느 집안이든 자식이 잘 커 줘야 평온하다. 우리 집은 걱정하지 않는다. 동생을 끔찍이 아껴주는 네가 있고 위해 주는 둘째가 있어 든든하다.

 일곱 살 막내가 그림을 그렸다. 둘째보다 큰형을 크게 그려서 키가 작은데 크게 그렸냐고 하니 큰형이기 때문에 크게 그렸다고 해서 놀랐다. 유치원에 다니는데 앞니 두 개가 빠져서 얼굴이 아주 가관이야.

 면회하러 갔을 때, 포천을 지나 산골로 이어지는 비포장도로를 우둘투둘 먼지 쓰고 가면서 마음이 아팠다. 막상 얼굴을 보니 늠름한 모습에 흐뭇했다. 아무것도 하지 않아도 흐르는 것이 시간이라 지루해도 청춘을 보람되게 보내면 좋겠다.

 이틀간 할머니네 당근 작업했다. 둘째가 아빠를 도와 같이 일했다. 올겨울은 눈이 많이 내린다. 작년 마지막 날, 마당에 눈이 많이 쌓여서 막내는 모자 쓰고 장갑까지 끼고 신나게 눈사람 만들었다. 막내가 태어나서 눈이 많이 내리기는 난생처음이다.

 엄마와 아빠 결혼하던 날도 몇십 년 만에 내리는 눈이라며 무척 추웠다. 막상 비디오를 보니 엄마보다 양복만 덜렁 입어서 아빠가 더 춥게 보였다. 엄마는 춥다고 내의 입고 옷소매를 해서 그나마 견뎠는지 모른다.

 결혼한 지도 20년이 넘었다. 너를 낳아서 키울 때가 엄마의 인생에서 황금기였다. 아빠에게 가장 사랑을 많이 받았다. 입덧 한 달 정도 지나니 생선회와 매운 고추가 당겼다. 그때 먹었던 아귀찜 맛은 잊을 수가 없구나. 매운 것을 먹다 보니 지금은 잘 먹는다. 차를 오래 타도 멀미를 하지 않았는데 너를 갖고 버스 타고 시골 갈 때는 비닐봉지를 준비해서 다녔다.

 할아버지가 너를 끔찍이 귀여워한 것 기억나니? 그러다 연년생으로 둘째가 태어나니 딸이 아니어서 서운했는데 좋아하시는 할아버지 모습에 덩달아 기분이 좋더라. 둘 키우면서 힘들었지만, 자랑스러움에 대견함에 가슴이 뭉클하다. 이 세상 그 무엇을 주어도 바꾸지 않을 너희들이 있기에 엄마와 아빠가 살아가는 힘이다. 바르게 커 줘서 고맙고 사랑한다. 형제간의 우애 이어지리라 믿는다. 재롱둥이 막내를 키우는 재미에 빠졌다. 하는 행동이 큰형을 쏙 빼닮았는지 너를 키우는 게 아닌가 착각할 정도다.

무심했던 TV 속 국군 방송이 가슴 깊이 다가온다. 길을 걷다 군복 입은 이들을 보면 괜히 뭉클해진다. 대견하고 안쓰럽고 가슴이 먹먹하다. 아마 네 복무 기간 내내 그럴 것 같다.

핸드폰은 정지시켰다. 둘째와 작은엄마가 주소 적어 갔으니 곧 편지 보낼 거다. 휴가 나와서 얼굴 볼 때 늠름한 모습 기대할게. 못다 한 이야기는 차차 나누자. 사랑한다.

- 엄마가 -

도마 위 생선

해가 떨어진다. 노을은 마을 골목마다 붉은빛을 흩뿌리며 스며든다. 어둠이 무겁게 내려앉고, 밤의 커튼이 조용히 펼쳐진다. 커피잔을 손에 들고 책상 앞에 오도카니 앉는다. 찻잔에 스며든 달빛이 가만히 일렁인다. 그 빛을 들여다보며, 오래전 문학회에 첫발을 내디뎠던 날이 아스라이 떠오른다.

아무것도 보이지 않았다. 그러다 문학회에 가입하며 수그러들었던 열정이 살아난다. 또렷이 기억한다. 화창한 5월의 어느 저녁에 문학회 회원이 나를 반갑게 맞이했다. 한 회원이 작품을 발표하며 합평하는 분위기가 부러웠다. 아직은 서툴고 설익은 감처럼 떫기만 하다.

활동하며 가슴 떨리는 설렘이 일었다. 설렘은 밤이 다가오면 더욱 강렬했다. 몸은 피곤했지만, 마음은 문학을 향한 달맞이꽃이 된다. 첫사랑처럼 기쁨을 주지만 사랑할수록 힘겹다. 누가 시키지 않지만 좋아서 하는 일이다.

첫 작품을 발표했다. 회원은 당황하며 내용에 살을 더 붙이라는데 무슨 말인지 몰랐다. 그동안 글이라고 썼지만, 누구에게 보이지도 고쳐 써야 할 이유도 없었다. 혼자 감독, 배우, 관객이 되어 자아도취에 빠져 허우적거렸다. 두 번째 발표할 기회가 생긴다. 작품을 실오라기까지 벗겨서 도마에 올려놓아 널브러진 생선이 된다. 회원의 입은 잘 벼린 날이 되어 비늘을 벗기고 내장을 꺼내며 토막을 친다. 피를 흘려도 아프다고 비명을 지르지도 못한다.

등줄기가 서늘해지며 맥을 출 수가 없다. 소설에서 죄인을 다루는 장면이 나온다. 저승에서만 지옥이 있는 것이 아니라 이승에서도 지옥은 존재했다. 윤회설이 있잖은가. 작품은 무슨 죄가 있어 도마에 올린 생선이 되었나. 굳이 변명하자면 문학을 한 것. 모자라는 글을 작품이라고 써서 발표했다. 상처로 얼룩진 작품을 들고 어떻게 집에 왔는지 기억이 없다.

작가로 거듭나기 위해 갈가리 찢기는 아픔을 감수했다. 합평할 때 회원은 트집만 잡으려 덤벼드는지 낯설다. 얼마나 약점을 잘 끄집어내는지 감탄할 뿐이다. 거칠고 모난 것이 둥글어지려면 얼마의 시간이 필요한가. 마음 한 자락 자존심은 잠시 내려놓는다.

문우의 말이 생각난다. 집에서는 글을 잘 썼다고 만족했는데 작품을 합평하면서 자존심은 이미 사전에 없는 낱말이 되었다. 서로 부족한 점을 보완하며 도와주는 동아리에서 활동한다는 것에 자부심을 느낀다. 노력해서 그들과 같은 수준이 되었으면 좋겠다.

서정주 시인은 「자화상」에서 "스물세 해 동안 나를 키운 건 팔 할이 바람이다."고 읊었다. 나를 믿고 생각해 주는 구 할이 주변의 지인임을 말하고 싶다. 그들이 없다면 정녕 여기까지 오지 못했으리라. 깊은 곳에서부터 우러나오는 진실한 마음의 소리이다. 귀 기울이지 않으면 아무것도 들을 수 없다.

어떤 작가는 "한 편의 수필을 쓰기 위해 시를 공부하고, 서예를 배우고 춤을 췄다."고 했다. 시 같은 수필, 소설 같은 수필을 쓰고 싶다. 손 가는 대로 쓰는 수필이라는 말을 들으면 가슴이 서늘해진다. 시간은 창자처럼 구불구불 흘렀고 바쁘다는 핑계로 다 작은 못 했지만, 다독하려 애쓴다.

글쓰기는 산을 넘는 일이다. 고요한 적막이 좌르르 어깨를 짓누른다. 밤은 더욱 깊고 손에 든 작품을 어떻게 요리할지 고민한다.

내 아들은 고동호

볕이 쏟아져 내리던 어느 봄날. 시간을 맞추는 퍼즐처럼 아침을 연다. 금실 같은 햇살이 창가에 내려앉고, 그 빛 속에서 지난날을 떠올리며 조용히 미소 짓는다. 결혼 초 시동생이 했던 말이 문득 떠오른다. 아들을 낳으면 '등어'라 이름 짓고, 딸이면 '양이'라 했던 그 말. 누가 그런 말로 씨를 뿌렸던가. 남편의 성은 '고' 씨다. 그래서 우리 아이들의 이름은 고등어와 고양이를 자연스럽게 떠오른다.

세월이 흘러 아들 셋을 낳았다. 이름을 지었는데 두 아들은 비껴갔으나 막내는 동호라서 고동호, 고동호…. 계속 부르다 보면 고등어가 된다. 연상 작용이 그렇게 시키는 것이다.

어린이집에 다닐 때, 식사 시간이 되어 원장 선생님이 "여러분, 우리 맛있는 고등어에 밥 먹어요." 하니 옆에 있던 아들 또래인 원아가 화들짝 놀라며 "뭐요, 우리가 고동호를 먹어요?" 해서 한바탕 웃었다고 한다. 무엇이 그리 좋을까. 순수한 동심의 세계에 사는 천사들이다. 아이들의 세계는 어른이 돼버린 나는 암만 기웃거려도 알 수가 없다.

한번은 이런 적도 있다. 밖에 나가 있는데 남편에게서 전화가 왔다. 고등어 어디 있냐고 묻는다. 아들을 찾는 것이라고 생각해 집에 없어요. 그런데 그게 아니었다. 소금에 절인 고등어를 말하는 것이다. 순간 착각을 했다.

이름 때문에 주위에서는 걱정을 한다. 애들에게 놀림감이 되지 않겠냐고. 놀림감이 될 수도 있지만, 사업하는 사람이라면 홍보효과를 얻을 수 있고 잊히지 않을 이름이 아닌가.

아들이 초등학교에 입학했다. 햇살이 운동장에 퍼지고 있는 점심시간이다. 엄마들이 급식당번을 하던 때다. 급식실에서 아이들의 식사를 도와줬다. 깎은 밤처럼 야무지고 동글동글하게 생긴 아이들이 사랑옵다. 도담히 밥 먹는 모습이 피어오르는 꽃송이 같다. 별처럼 반짝이는 눈을 보면서 앉아 있었다.

아이들이 하나둘 내 앞으로 모여든다. "이모, 동호가 머리에 모래를 뿌렸어요." 또 다른 녀석이 잽싸게 와서 "동호가 때렸어요." 그간 억울하게 피해 본 애들이 오늘 잘 만났다는 듯이 하소연한다. 마치 청문회 하는 장소 같다. 귀여운 애들에게 미안한 마음이 든다. "그래, 이모가 동호 혼내줄게." 각자 머리를 쓰담쓰담 하며 사과했다. 이름 때문에 놀림을 받기는커녕 개구쟁이 짓은 다 하는 아들이다.

휴대전화에 초등학교가 뜬다. 교실마다 전화기가 놓여있어 필요할 때 사용한다. 아들이 풀죽은 목소리로 울먹이며 "엄마, 미안해." 가슴이 덜컥 내려앉았다. 혹시 사고라도 친 것인가. 그런데 엉뚱하게 "받아쓰기 90점 맞았어." 한다. 마음이 놓이면서 입가에 미소가 번진다. "잘했어 잘했어." 그런데 쉬운 한 글자 고등어, '등' 자가 '동'으로 써서 틀렸다는 것이다. 실수한 것이니 100점 받은 거나 다름없다고 용기를 북돋아 줬다. 100점은 아니지만 자랑하고 싶은 마음에 전화한 것을 내가 왜 모를까. 영특해서 마음은 흐뭇하나 하필이면 틀린 글자가 고등어라 실소를 금할 수 없다.

이름을 부르다 보면 고동호, 고등어, 고도리, 갈치, 오징어, 꼴뚜기까지 자연스레 생각이 난다. 이름 때문인지 아들은 고등어와 비슷한 점이 많다. 성질이 급한 생선으로 알려져 있는 고등어는 빨리 간을 해야 상하지 않는다. 또한, 적절한 간이 맛을 결정한다. 바다가 없는 경북 안동에서는 자반고등어가 유명하다.

안동은 내륙지방이라 고등어를 먹기 위해서는 영덕 강구 항에서 수송해 왔다. 안동으로 수송하기까지는 이틀이 걸렸는데, 냉동시설이 없던 시절에는 생선이 상하는 것을 막기 위해 소금으로 염장 처리를 했다. 이것이 안동 자반고등어의 시초로 상하기 직전에 나오는 효소와 소금이 어울려 고등어 맛을 좋게 낸다고 한다.

이름 때문일까 동호는 고등어처럼 성격이 급하다. 기분 좋을 때는 한없이 베푸는데 조금만 거슬려도 순간을 참지 못한다. 그래서 적절하게 간을 칠 시기인 듯하여 지혜를 짜내는 중이다.

고등어는 몸은 기름지고 통통하여 등에 녹색을 띤 검은색 물결무늬가 그려졌다. 배는 은백색이며 많은 사랑을 받는 바다의 보리로 불리는 국민 생선이다. 저녁 준비할 시간에 고등어가 도마 위에서 칼질을 기다린다. 알맞게 소금을 뿌리고 석쇠에 올려놓으니 희끄무레한 몸통에 선명한 석쇠 자국이 난다. 몸에 좋고 맛있어 자주 먹는다.

고등어처럼 동호의 성격에도 장점과 단점 사이에 간을 잘해서 여러 사람과 잘 어울리며, 누구에게나 영양가 있고 맛 내는 사람으로 커 줬으면 좋겠다. 그런 바람을 안고 지켜보던 아들은 어느새 훌쩍 커서 대한민국 육군의 일원이 되었다.

동호는 고등어 반찬을 유난히 좋아한다. 이름처럼 닮아가는 걸까.

들의 푸름은

꽃 못지않게

아름다움으로 물결친다

3부

아픈 그리움이 인다. 마음 안에는 꼭 마음이 살 만한 공간을 마련해 둔다. 누군가 들어설 자리 하나쯤은 비워놓는다. 당신이 아니면 바람도 좋고, 피어나는 꽃 한 송이여도 좋다.

오일장을 맛보다

하늘이 쪽배를 드리운 바다처럼 곱다. 날씨가 쾌청해 한껏 마음도 맑아진다. 여유로운 마음을 눈치챘을까. 높은 하늘의 새털구름이 살짝 눈웃음을 보낸다. 이럴 때는 집에 가만히 있을 수가 없다. 동네 마실이라도 다녀와야겠다.

오일장이 서는 날이다. 아들은 평소 오일장에 가고 싶어 했는데 학교에 다녀서 쉽지 않았다. 마침 휴일이라 잘됐다고 좋아한다. 아들의 봄 잠바도 살 겸 같이 나섰다. 주차장에 차를 세우고 자잘한 재미와 슬픔을 솔직하게 표현할 줄 아는 인파 속으로 간다.

대형 마트와는 달리 서로 얼굴을 보며 당기다가 밀리다가 옥신각신 맛을 음미하며 물건을 산다. 마트에서는 십 원까지 가격표가 찍혔다. 냉정하지 않고 말을 잘하면 깎아주고 덤도 얻는 재미가 쏠쏠하다. 단골 가게는 안면이 있어 자연스럽게 소통이 된다. 그 맛에 집에 있는 물건도 하나 더 산다. 손님이 많으면 살짝 양보하는 것도 서슴지 않는다.

삶이 힘들 때는 시장에 가보라고 한다. 억척스럽게 생을 살아가는 서민들이 보인다. 딱히 살 것이 없어도 시간이 있으면 오일장에 간다. 그곳을 한 바퀴 돌다 보면 울적했던 마음도 사라지고 무엇이든 하고 싶은 의욕으로 가득 차곤 한다. 시장은 하루를 살아가는 건강함으로 가득 차 있다.

들어서는 입구에 과일 가게, 이불 가게가 있다. 조금 더 걸어가면 사거리가 나오는데 아들 눈에는 닭고기꼬치가 눈에 꽂힌다. 사람이 모이는 장소는 어김없이 먹거리가 생긴다. 호떡과 붕어빵 가게다. 사람은 먹기 위해 사는가. 살기 위해 먹는가. 무엇을 먹느냐에 따라 삶이 바뀐다. 무엇을 먹는 것도 중요하지만, 과정에서 진리를 배운다. 바쁘다는 이유로 먹거리를 준비하는 과정이 생략된 가공식품을 많이 먹는다. 중요한 것을 놓치고 있지 않은가. 농부가 씨를 뿌리고 농산물을 수확한다. 그 열매를 요리하고 먹는 과정이 인생과 닮았다. 살기 위해 먹는 동시에 먹기 위해 사는 존재다.

참새가 방앗간을 그냥 지나치지 못하듯 거의 들른다. 아침 시간이라 한산하다. 친숙한 얼굴이라 먼저 반갑게 인사했다. 매상 올려주려고 아들과 왔다며 너스레를 떤다. 아주머니는 아들이 한창 먹을 나이라며 맞장구를 친다.

한참 수다를 떠는데 어느 손님이 많은 양의 붕어빵을 주문한다. 아저씨는 심각한 표정으로 "파도가 센데 고기가 잡히려나."

종일 장사하려면 몸이 고단할 텐데 이런 유머가 나오다니 나도 모르게 미소가 번진다. 붕어빵 세 개가 잘못 구워졌는지 축 늘어져 있다. 내가 슬쩍 농을 건다.

"아저씨 옛날에는 눈 감고도 구워내더니 이제는 실수도 하고 안 되겠어요." 했다. 오랫동안 하다 보니 나이가 들어서 힘겹고 몸이 따라주지 않는다고 하소연한다.

옆을 보니 호떡 굽는 곳이 바쁘다. 밀가루 반죽을 손으로 동그랗게 만든다. 그 안에 설탕을 넣고 팬에 호떡을 뒤집으며 구워서 시간이 오래 걸린다. 호떡의 생명은 금방 만든 뜨거움이다. 식어버리면 이미 호떡이 아니다. 아주머니가 제일 고생하는 것 같다. 호박 덩어리처럼 커다란 엉덩이를 요리조리 바쁘게 움직인다. 큰 통에 담겨 있는 반죽을 다 구워내려면 다리도 아플 것이다. 진심을 담아 고생한다며 말을 하니 듣기 좋았나 보다. 호떡을 두 개나 덤으로 준다.

호떡이나 붕어빵 가게가 많이 줄었다. 재료비 값이 올라서 호떡과 붕어빵 가격도 자동으로 뛰었다. 서민들이 손쉽게 먹을 수 있는 음식을 많이 팔았으면 좋겠다. 길에서 파는 음식이라 위생적이지 않을 수도 있다. 그렇지만 덜 위생적이면 어떤가. 그 정도의 음식은 문제없다.

시장의 비린 생명력이 꿈틀거린다. 비둘기가 기웃거리며 물건을 고른다. 우리들 삶의 때가 묻어 반질반질 윤기가 돈다. 삶은 이렇게 살아가는 시장의 모양을 닮은 것인가. 자잘한 재미와 슬픔을 솔직하게 표현할 줄 안다.

대형 마트가 생겨서 편리한 점도 많다. 장터가 서야만 살 수 있는 물건이 지금은 거의 다 판매한다. 내가 어렸을 때만 해도 대형 마트는 없고 구멍가게만 있었다. 오일마다 서는 장날을 손꼽아 기다렸다. 지금처럼 자동차가 없어서 먼 길을 무작정 걸어서 가느라 물건을 많이 사지도 못하고 들고 왔다.

쌀이나 보리를 가져가서 뻥튀기해서 가져왔다. 먹거리가 많지 않던 시절에 군것질용으로 즐겼다. 뻥튀기의 기계가 '뻥' 해서 터질 때는 고막이 나가는 것 같은 굉음에 귀가 한동안 멍했다. 손님이 많아서 줄을 서서 기다리던 시간이 아련히 떠오른다.

어렸을 때는 물건을 사라는 호객 행위에 지나치기가 미안해서 머뭇거렸다. 지금은 미소 띤 얼굴로 다음에 사겠다고 말하며 지나간다. 어머니와 같이 다닐 때는 흥정을 하며 막무가내로 물건을 깎는 모습에 창피했다. 내가 어른이 되면 저러지 말아야지 다짐도 한 것 같다.

개구리가 올챙이 적 생각을 못하는가. 아들의 옷을 사며 실랑이가 벌어졌다. 주인이 퍽퍽하게 해서 순간 사지 말까 생각했다. 조금 깎는 재미에 이곳에서 사는데…. 아들은 자기 때문에 엄마가 돈을 많이 써서 모자라나 보다 생각했는지 시무룩하다. 아니면 예전의 나처럼 창피했는지 모른다. 어머니처럼 흥정도 제대로 못 하고 거의 제 가격에 샀다.

시골이라 날씨가 좋고 농사일이 바쁘면 손님이 뜸하다. 적당히 비가 오는 날이면 사람들이 많다. 계절에 따라 파는 물건이 다르다. 봄에는 각종 모종이 두근거리는 마음으로 손님을 기다린다. 여름에는 모종이 아닌 다 자란 채소들이 진열돼 있다. 어느 계절인지 한눈에 들어온다. 멀리 가지 않아도 볼거리와 먹을거리 사람 사는 모습을 볼 수 있다.

주차장에 와서 차에 올랐다. 출출하여 봉지를 펼친다. 호떡이 따끈따끈하다. 설탕물이 흐를까 호호 불며 식혀 가면서 천천히 먹는다.

집으로 돌아오니 두 손 가득 장터에서 따라온 사람의 정이 담겼다.

하늘바래기

어디선가 살랑살랑 불어오는 미풍과 포근히 비추는 햇볕이 따사롭다. 목마른 대지에 단비가 촉촉이 스며든다. 떨어지는 빗방울 사이로 멀리 한라산이 안개에 가렸다. 사람의 능력으로는 할 수 없는 자연의 위대한 힘이다. 그 자연에 비하면 사람은 한 방울의 물과 한 알의 모래 알갱이처럼 미약한 존재다.

농사를 짓다 보니 자연스레 생긴 버릇이 있다. 아침에 일어나면 맨 먼저 하늘을 바라본다. 하늘에는 무엇이 있을까. 계절마다 변화무쌍함이 있어 좋다. 며칠 동안 푸른 하늘이 계속되더니 이제는 지쳤는지 먹구름을 무진장 몰고 왔다. 농사철이라도 비가 내리면 일손을 쉰다.

직장 생활을 하는 사람의 아침은 일터로 나가기 위해 분주하다. 직업에 따라 복장은 제각기 다르다. 난 농부의 아내다. 집에 있는 옷 중에 빛바랜 낡은 옷을 고른다. 그렇지 않으면 일복으로 사다 둔 옷으로 갈아입는다. 굳이 예쁘게 보일 필요가 없기 때문이다.

겨울에는 춥지 않게, 여름에는 시원하게 차려입으면 그만이다.

예쁘게 입고 출근하는 사람을 보면 부럽다. 옷은 차려입지 못하지만, 얼굴에는 신경 쓴다. 사계절 선크림 바르고 기초화장을 꼭 하고 흐린 날에도 모자를 쓴다. 게으르지 않은 여자로 살고 싶어서다.

사람들은 나를 보고 농사하는 사람 같지 않다고 한다. 처음에는 그 말이 싫지 않았으나 자주 듣다 보니 은근히 부아가 난다. 물론 노인들이 농사일을 많이 하니 그런 인식을 갖게 된다. 요즘은 젊은 사람도 농사를 많이 짓는다. 농업기술의 발달과 기계화로 일손이 많이 줄었다.

밭일은 온종일 자연을 벗 삼아 춥거나 덥거나 외부에서 하는 일이다. 계절의 변화를 피부로 느낀다. 봄에 파릇파릇한 풀이 돋아 나오는 것을 다른 사람보다 먼저 본다. 하늘에 떠 있는 구름도 친구가 된다. 여름에는 태양이 원수라도 된 듯 내리쬐여 완전무장을 해 밭으로 나간다. 가을에는 억새꽃이 고개 숙여 인사하며 반긴다. 겨울이면 추위를 피해 옷을 있는 대로 껴입고 모자를 눌러 쓴 채 얼굴은 눈만 보이게 한다.

인부들이 누구인지 몸으로 행동으로 파악한다. 겨울엔 식사하려 장갑을 벗으면 손이 시려 밥 먹기도 힘들다. 추운 날씨에도 일을 하느냐고 의아해한다. 여러 밭의 농작물이 순서를 기다리고 있으니 웬만한 날씨에도 모닥불 피우며 일을 한다. 움직이다 보면 견딜 만하지만, 지독한 겨울 추위에는 좀처럼 적응하기 힘들다.

 농사하던 밭이 점점 줄어든다. 자연 경관이 사라지며 높은 건물이 들어선다. 시골에도 도시와 같이 머지않아 농사지을 땅도 줄어들 것 같다. 사람도 자연의 일부다. 자연을 떠나 인간이 존재할 수 없고, 건강한 생명을 유지할 수 있을지 걱정이다.

 농사의 기본은 파종과 수확이다. 파종이 이루어지면 영양제를 주고 잡초를 뽑아 주며 관리한다. 남편이 농약을 살포하면 나는 호스 줄을 잡아준다. 농사 경험이 없어 야단을 많이 맞았다. 밭이 넓어서 줄을 멀리까지 보내 주려면 있는 힘을 다해 당겼다. 어쩌다 돌부리에 걸리면 좌우 살필 틈 없이 다급히 달려가서 장애물을 제거해야 한다.

 농부 하면 떠오르는 이미지는 무엇인가. 가난하고 얼굴은 새까맣게 타고 아무리 일을 해도 그 자리를 맴돌고, 딱히 다른 할 일도 없는 그런 모습을 연상하게 된다.

 "할 일 없으면 농사나 짓고, 집에 가서 아기나 보라." 농사짓는 사람을 폄하하는 말을 들으면 마음이 불편하다. 아기를 키워 본 사람은 알겠지만, 그것이 어디 쉬운 일인가. 농사도 아무나 짓는 일이 아니다. 고도의 전문성과 경험의 축적이 필요하다.

 남편은 의사가 되고 나는 간호사가 된다. 농부가 하는 일은 작물이 좋아하는 환경을 만들어 준다. 한 포기마다 성심성의껏 돌본다. 농작물은 주인의 발소리를 들으며 성장한다는 말이 그냥 생긴 게 아니다.

 공장에서 물건을 기계로 찍어내듯 만드는 것과는 비교할 수 없을 정도의 기다림의 시간이 필요하다. 농사는 '사색'을 동반하는 작업이다. 요즘 사람은 빨리빨리에 익숙하다. 무엇이든 진득하게 기다리는 것을 힘들어한다. 농사를 지을수록 세상에 그저 얻어지는 것이 없음을 알게 되었다. 이 일을 하지 않았으면 인생의 많은 부분을 수박 겉핥기식으로 지나쳤을 게 아닌가.

 사계절이 뚜렷한 지역에서 농사짓다 보니 먹거리를 만들어 낸다는 자부심까지 생긴다. 시대가 변해도 먹지 않고는 살 수 없다. 인공위성을 띄우고 문명이 아무리 발전해도 끝까지 남을 직업이 농사일이 아닐까. 영양분을 캡슐로 만들어 한입에 삼키는 시대도 오겠지만, 먹는 즐거움을 느끼지 못한다면 얼마나 삭막하겠는가.

 농촌도 풍요롭다. 몸과 마음이 안락한 삶을 생각한다. 인간의 행복지수도 도시보다 자연과 가까이 있는 시골에서 더 높지 않을까. 삶의 진리는 시골에서 자연과 함께 살면서 터득될 수 있다.

 한여름, 밭일하다 마른 목을 축이기 위해 마시는 시원한 맥주, 누가 이 맛을 알랴.

비자나무 숲길을 걷다

　연례행사인 문학기행 가는 날이다. 사무국장에게 치킨을 해 간다고 미리 얘기했던 터라 새벽부터 마음이 분주하다. 어제 닭을 구입하고 손질해 냉장고에 넣어 두었더니 시간이 한결 절약된다.
　라디오 볼륨을 한껏 올렸다. 음악을 들으며 앞치마를 걸친다. 시간을 보며 닭을 튀기면서 소스를 만들었다. 회원과 만날 시간이 다 되어간다. 노릇노릇 튀겨서 소스에 풍덩 빠진 치킨을 찬합에 넣었다. 부엌은 큼지막한 양푼들이 즐비하나, 설거지할 시간이 없다. 서둘러 화장하고, 옷장을 열어 예쁜 옷으로 갈아입었다. 하늘색 스카프와 길게 늘어뜨린 진주 귀걸이로 멋을 내고 서둘러 집을 나선다.
　약속 장소에서 회원을 만나 출발했다. 국내 최대의 비자나무 군락지인 제주시 구좌읍 평대리에 위치한 비자림에 도착했다.
　열매가 빨갛게 익는 천남성은 맹독이 들었다. 옛날에 장희빈이 사약을 먹을 때 사용한 식물이다. 희귀식물인 비자란·나도풍란·

풍란·콩짜개란·혹난초 등 착생 난초과 식물이 비자나무 고목에 붙어서 자생한다. 비자나무의 꽃말은 '소중, 사랑스러운 미소.'다. 제주도와 영·호남의 남부 지역에 분포하는 상록침엽수이다. 잎 모양이 한문 비榧 자를 닮았다 해서 비자나무라고 부른다.

 강이 없는 제주에서는 물이 가장 중요한 생활 자원이다. 생명처럼 빗물이 지하로 흘러 들어가는 구멍을 제주어로 '숨골'이라 한다. 비자림은 숨골이 곶자왈 곳곳에 숨었다. 숨골의 정의는 화도, 마그마 분출구, 통풍구 통로로써 지표면의 입구를 통해 화산 분출 물질들이 분출될 뿐만 아니라 통과하는 통로를 말한다.

 숨골은 동물의 뇌에서 생명 유지를 위해 호흡을 담당하는 필수적인 기관을 말한다. 곶자왈의 습도와 온도를 유지하는 중요한 존재다. 곶자왈은 숲을 뜻하는 제주어 '곶'과 가시덤불을 뜻하는 '자왈'이 합쳐진 제주 고유어이다. 화산이 분출할 때 용암이 크고 작은 바윗덩어리로 쪼개져 만들어지면서 나무와 덩굴식물의 뒤섞인 원시림을 이룬 곳을 일컫는다.

 햇살은 황금 가루같이 부서지며 흩어진다. 치킨을 하느라 미처 아침을 챙기지 못해 배가 고팠다. 그걸 아는지 모르는지 남자 회원은 산책하고 음식을 먹어야 한단다. 그러나 여자 회원은 치킨이 식으면 맛없으니 빨리 먹어야 한다고 우겼다. 입심이 좋은 여자 회원의 승리로 잔디밭에 족발, 치킨, 막걸리를 놓고 둘러앉았다. 음식은 보기만 하고 먹지 않으면 안 되는 모양이다. 맛있게 먹는 모습을 보니 기뻤다.

비자림 입구에서 기념 촬영 후, 비자림 산책로를 걸어 올라갔다. 회원의 얼굴이 모두 상기된 표정이다.

따뜻한 햇볕이 나뭇잎 갈피로 쏟아져 내리고, 초록의 물결이 살랑살랑 바람에 흩날린다. 사람은 모일수록 복잡해지고 초목은 모일수록 싱그러워지는 모양이다. 우아한 자태로 지천에 피어 있는 보라색 제비꽃은 흔하지만 하얀색 제비꽃은 생소했다. 산책로에는 화산 분출로 생긴 송이를 깔아놓아 밟을 때마다 사그락사그락 소리가 나고, 붉은빛이 숲 바닥과 하늘까지 물들인 녹색과 선명한 대조를 이뤄 더욱 운치가 있다.

풀내음이 온몸으로 퍼지는 숲길 비자림은 주목과의 침엽수로 우리나라 남부와 제주도, 일본 중남부에 분포한다. 느리게 자라기로 유명해 100년 지나야 지금이 20cm 정도밖에 크지 않는다고 들었다.

별뉘가 생긴다. 별 든 곳 그늘진 곳 할 것 없이 숲은 화사한 보랏빛을 마음껏 발산한다. 초록색 바람이 달콤하게 분다. 바람의 선율에 따사로운 햇살이 한 움큼 쏟아져 내린다. 숲에는 바다의 빛과 같은 하늘이 펼쳐진다. 나무의 이파리에 봄이 스미고 초록의 나뭇잎이 하늘거리며 미풍에 흩날린다. 마음이 안개처럼 피어오른다. 우아한 자태의 하얀 제비꽃이 손짓한다.

4월 말 신록은 연둣빛 초록이 서로 얽히고설켜 일렁인다. 타고 있다. 녹색도 탄다. 잎들이 갓 잡아 올린 생선 비늘같이 반짝이는 햇살을 털어낸다.

초록 내음이 온몸으로 퍼졌다. 마음조차 초록 물결에 풍덩 빠져든다. 햇빛을 피하며 나뭇잎이 무성한 그늘이 있는 곳으로 자박자박 걷는다. 자연은 생명의 진동으로 충만해서 휘감았다. 나무에서 피톤치드가 가장 많이 나오는 시각이 오전 9~11시다. 그늘진 땅을 밟는 감촉이 부드럽다. 주위에는 울창한 숲으로 둘러싸여 있고 숲 사이로 오솔길이 가파르지 않고 평탄하다. 피톤치드에 한껏 자연을 음미하니 정신이 맑다. 봄을 맞이한 산은 녹색 물감을 아낌없이 다 쏟아 붓는다. 제각각의 색으로 싱그러운 초록 꽃동산을 이룬다. 나무는 터질 듯 푸름으로 발버둥 친다. 많이 걸어도 힘든 것을 모르겠다.

비자림을 빠져나와 커피 한 잔 마시며 작품 발표 시간도 가졌다. 새들이 지저귀고 햇살이 비추는 싱그러운 숲. 자연과 더불어 낭송을 하니 모두 마음이 부드러워지고 감성이 새록새록 살아난다. 하늘은 파란색 순도를 높이려고 널브러진 구름 조각을 쓸어내고 있다. 햇살은 꽃잎처럼 흩날리며 땅에 내려앉는다. 나도 꽃잎이 되어 사부작거리며 자연과 어우러진다.

회원은 새소리를 벗 삼아 '문학기행'이라는 주제로 사행시를 짓는다.

문 : 문학기행을 왔다.
학 : 학창 시절로 돌아간 느낌이다.
기 : 기절하리만치 좋은 추억 한 아름 안고
행 : 행복한 미소를 지으며 돌아왔다.

내 발표가 끝나자 박수 소리가 들린다.
"인생의 책갈피에 아름다운 추억 하나, 고운 단풍잎으로 끼워 넣게 됐다." 어느 수필가의 글귀가 떠올랐다.

비 오는 날은 사색이 흐른다

 봄비가 촉촉이 내린다. 계절의 여왕 오월이라 마당에는 장미꽃이 흐드러지게 피어 자태를 뽐내고 있고, 이에 뒤질세라 백합은 꽃몽우리를 만들려고 안간힘을 쓴다. 장미 옆에는 열매를 다 내려뜨린 보리수가 가지마다 초록의 잎들을 무성하게 매달고 있다.
 비를 머금은 상추와 부추가 한결 싱그러워 보인다. 머지않아 채송화도 햇살에 함박웃음을 지을 것이다. 뽑아내도 금세 왕성히 자라는 잡초들 역시 봄비를 반긴다.
 거리에는 파란 보리가 성큼 고개를 내밀며 젊음을 만끽한다. 담쟁이도 잎이 돋아 돌담을 어여쁘게 장식하느라 분주하다. 늦가을에 붉게 물들면 발걸음이 저절로 멈추게 하는 담쟁이다. 학창 시절에는 조심히 떼어내서 책갈피에 넣어 말렸다가 코팅했다. 작은 창에 달라붙어 물들어가는 모습을 보며 계절의 변화를 느꼈다.
 바닷가에 접한 동네에 산다. 미풍이 창문을 두드려서 정적을 깨 놓고는 시치미를 떼고 달아났다. 사람들은 다 어디로 갔는지 심연 속으로 가라앉은 듯하다. 개가 짖어대는 소리만 가끔 들릴 뿐이다. 집에서 몇 발짝만 나서면 수평선이 어서 오라고 손짓한다. 낚시하는 사람도 보이고 돛단배가 여유롭게 떠다니는 풍경이 펼쳐진다. 빗방울은 겹겹이 바다 표면에 물무늬를 만든다.

 어제저녁은 몸이 천근만근 묵직하여 일찍 잠자리에 들었다. 며칠 밭에서 일해서 피로가 누적되었나 보다. 봄이 되면서 하루에 낮은 2분씩 길어지고 밤은 계속 짧아진다. 날이 밝으면 밭에서 일하고 노을을 보며 집으로 온다. 집에 오면 주부로서 해야 할 일이 기다리고 있다. 미룰 수도 있지만 해야 할 일이 더 많다. 언젠가부터 봄이 부담스럽게 느껴진다. 나만의 시간이 자꾸만 줄어들어 안타깝다. 읽고 싶은 책은 많은데, 밤은 시나브로 깊어지고 자야 할 시간이 된다. 새벽은 빨리 오는지, 새벽잠은 이리 많은지. 매일 밭에서 일하는 건 아니다. 바쁜 와중에도 한가한 시간이 틈틈이 생긴다. 그날이 오늘같이 비가 내리는 날이다. 이런 시간을 유용하게 활용하면 내 인생을 좀 더 풍요롭게 누릴 수 있지 않을까.

 비 오는 날은 창가에 앉아 사색하는 것을 좋아한다. 지친 마음을 달래주는 시간이 시냇물처럼 흐른다. 엘가의 〈사랑의 인사〉도 첼로 버전으로 나직하게 퍼진다. 비의 속삭임에 귀기울이면 자신을 돌아보고 성장하는 계기가 된다. 내면과 대화를 나눈다. 돈으로 많은 것을 가질 수 있지만 돈으로 살 수 없는 것도 있잖은가.

행복은 돈으로 살 수 없으나 시간으로는 살 수 있다. 세상은 항상 포물선 형태로 출렁거려 정신이 아뜩해진다.

소녀 시절 비 내리는 날을 좋아하며 즐겼다. 가랑비에 우산도 쓰지 않고, 비를 맞는다고 서둘러 뛰지도 않았다. 뛴다고 비를 피할 수 있는 것은 아니다. 내리는 비를 고스란히 맞으며 즐겼다.

먼 훗날 농부가 되려고 비 내리는 것을 좋아했다. 눈 오는 날보다 비 내리는 날을 더 기다렸다. 비가 온 후 삼라만상이 방금 세안이라도 한 듯 바라보는 마음이 개운하기 이를 데가 없다. 비를 중년인 지금도 여전히 즐긴다.

비 내리는 날은 휴일이다. 알맞게 내리는 단비는 농작물의 목을 축이고 농부의 심신을 편히 쉴 수 있게 하는 귀한 시간을 만들어 준다. 한 이삼일 내릴 때면 황금연휴가 된다.

빗발이 고와 첼로의 저음처럼 들린다. 침묵이 한 겹씩 내려앉는다. 세상은 뜻대로 움직여주지 않았다. 무릇 천지간에 알 수 없는 것은 무수히 많다. 의미를 부여하면 의미가 없는 것이 하나도 없다. 우리는 감동하기 위해 산다. 감동 없이도 살 수 있지만, 그런 사람은 빈껍데기의 삶이다. 말하기보다는 침묵하는 일을 누구나 꿈꿀 수는 있지만, 아무나 도달할 수 있는 것은 아닌 듯하다. 무언가 찾아내지 않으면 원하는 삶의 빛깔을 찾을 수 없다. 어떠한 것도 돌발적으로 이루어지지 않는다. 밋밋한 삶보다는 꿈을 꾸며 살아갈 때 탄력을 느낀다. 웅변은 은이요, 침묵은 금이라고 한다. 언제면 침묵과 어깨동무하며 친구가 될 수 있을까.

삶에는 무엇이든지 흔적이 있는데 어떤 흔적을 남겨야 하나. 먼 훗날 잘 살았다고 고개를 끄덕일 수 있다면 좋겠다. 아래로 흐르는 물처럼 투명하게 마음을 다해 졸졸졸 골짜기로 흐르고 싶다.

텅 비어 있는 시간에 커피 한 잔 마시며 추억에 젖는다. 더 이상 헤매는 새가 되고 싶지 않다. 생각이 슬픔에 젖었다가 울컥한 마음에 착 가라앉는다. 한 줌 바람이 불어와 눈가와 나뭇잎을 휙 훑고 지나간다. 나풀거리는 바람은 나도 바람이 되고 싶게 한다. 우리는 여러 마음을 가져서 내 마음을 모를 때가 많다. 어떤 생각과 감정이 진짜 마음일까. 바다 위에 떠다니는 부초처럼 마음을 비우고 살 수 있을까.

세상을 눈으로 보지 않고 마음으로 보려 한다. 눈을 감아야 선연히 보인다. 자기 자신이 마음을 일굴 때 세상을 아름답게 볼 수 있잖은가. 누구나 걸어가야 하는 시간의 길 위에 서서 어디서 어떻게 걸어야 할까. 시간은 정지한 듯 더디었다. 해가 뜨고 해가 질 때마다 하루는 하루씩 부스러졌다.

아픈 그리움이 인다. 마음 안에는 꼭 마음이 살 만한 공간을 마련해 둔다. 누군가 들어설 자리 하나쯤은 비워놓는다. 당신이 아니면 바람도 좋고, 피어나는 꽃 한 송이어도 좋다. 빗물이 가득 흐르는 창가에는 고였던 생각도 따라 흐른다. 심오한 영혼을 지닌 백치가 되어 잠겨보리라. 비 오는 날 저 바다처럼.

봉숭아 꽃물 같은

이육사 시인은 「청포도」에서 "내 고장 칠월은 청포도가 익어가는 시절."이라고 노래했다. 이맘때면 그 시가 떠오른다. 여름은 거침없이 우리에게 달려왔다. 불볕더위와 장마에도 아랑곳없이 산과 들은 꽃으로 물들고 초목은 생기 있게 자란다.

문학기행을 떠난다. 비행기가 십 분이나 연착되면서 계획에 차질이 생겼다. 김해공항에서 통영행 버스를 놓쳤다. 치밀하게 세운 일정이지만, 뜻밖의 일은 늘 삶에 섞여 있다. 장마철이라 비가 올까 걱정했으나, 하늘은 청명하다. 안도하는 회원의 얼굴에 잔잔한 미소가 번진다.

첫 일정은 문학관 탐방이다. '청마 문학관 가는 길'이란 팻말을 따라 계단을 올라가니 아담한 잔디밭이 나온다. 살랑거리는 미풍이 잔가지를 흔들어 놓으며 새들이 무심히 놀다 날아간다. 햇살이 살포시 내려앉아 눈부신 가루와 같이 부서진다. 한낮이라 나무들 사이로 그늘이 드리워지며 볕뉘가 생긴다.

문학관에 들어서니 청마의 흉상이 우리를 반겨준다. 시인은 경남 통영에서 태어났다. 정지용의 시에 감동하여 시를 쓰기 시작했다. 그의 시는 도도하고 격조 높은 시심詩心을 읊었다. 어떤 기교보다도 더 감동을 준다.

평소에 시를 암송하며 시심을 가져서인가. 가슴이 두근거리며 방망이질한다. 감전이라도 된 듯 자리에 무심히 서버렸다. 봉숭아 꽃물 같은 그리움이 마음속에 붉게 물들며 행복감이 와락 밀려온다. 유품뿐 아니라 수신한 편지가 전시됐다. 많은 편지를 받았다는 것은 숱한 답장을 썼다는 것이다. 빛바랜 종이라 읽고 싶어도 읽을 수 없지만, 고민의 흔적을 느낀다. 인간과 생명에 대한 열정을 노래한 그는 생명파 시인이다.

광복 직전 만주에서 귀국한 시인은 통영여자중학교 교사로 부임했다. 운명처럼 그곳에서 한 여인을 만난다. 많은 남자와 여자가 이성과 사랑에 빠지는 최초의 감정은 어딘가 달라 보인다. 이미 가정이 있는 정운 이영도 시조 시인이다. 사랑에 휩싸인 시인은 거의 하루도 빠짐없이 이십 년간 무려 오천 통이 넘게 편지를 보낸다.

나도 그 누군가에게 바다 빛깔처럼 파란 종이에 편지를 쓰고 싶다. 소금 알갱이 같은 글자가 촘촘히 적힌 사연을 받고 싶다. 누군가와 헤어지려 하지 말고 애써 만나려 하지 말라는 말을 알 것도 같다. 오랜 시간 예술적 교감을 나눴던 그들의 사랑은 창작의 원천이 된다.

요즘은 전화와 카톡으로 순식간에 사연을 보낸다. 전에는 편지나 엽서로만 보내고 답장을 기다렸다. 기다리는 시간이 일각이 여삼추였으리라. 얼마나 애가 탔을까. 밤새워 고민하며 많은 시를 베껴 쓰던 아날로그 시절의 감성도 그리움으로 다가온다.

생각을 멀리하면
잊을 수도 있다는데
고된 삶음에
잊었는가 하다가도
가다가
울컥 한 가슴
밀고 드는 그리움

– 이영도 「그리움」 전문

이영도의 「그리움」은 유치환의 「그리움」과 다른 애달픔이다. 사랑하는 것의 소중함과 가치를 표현했다. 시를 사랑하는 일은 마음속에 자연을 품고 사는 일이며 시인은 언어로 사색하는 사람이다.

송도삼절 하면 박연폭포, 황진이, 서경덕이 떠오른다. 고고한 성리학자 서경덕도 제자 황진이를 그리워하고 기다려 이런 시를 쓴 것은 아닐까.

마음이 어린 후이니 하는 일이 다 어리다.
만중운산에 어느 임 오리마는
지는 잎 부는 바람에 행여 그인가 하노라.

- 서경덕 「마음이 어린 후이니」 전문

여기서 그는 분명 제자 황진이가 아니었을까.

내 언제 무신하여 임을 언제 속였관대
월침삼경에 온 뜻이 전혀 없네
추풍에 지는 잎 소리야 낸들 어이 하리오

- 황진이 「내 언제 무신하여」 전문

「내 언제 무신하여」는 서경덕의 시조에 화답하여 부른 것이다. 서경덕과 황진이는 비록 스승과 제자 사이였지만 서로 보고 싶어 하고 그리워하는 마음을 엿볼 수 있는 시조다.

문학관을 나서며 통영 앞바다를 바라본다. 청마와 정운의 얼굴이 겹쳐 어른거린다. 사랑은 봉숭아 꽃물같이 붉은 것인가. 사람이기에 느낄 수 있는 감정이 좋아서 마음이 빨갛게 달아올랐다.

둘째에게 보내는 편지

개나리와 목련, 벚꽃은 어느새 바람 따라 다 떨어지고, 화단에는 엄마가 좋아하는 장미꽃이 화사하게 피었다. 비가 살짝 내려 촉촉해진 흙냄새와 함께 창가에 앉아 느긋한 마음으로 커피 한 잔을 마신다. 이 고요한 시간이 얼마나 행복하고 소중한지, 이런 감정이 사라지기 전에 몇 자 적는다.

네가 군대에 가니 할머니를 비롯해 작은아빠와 고모까지 서운해서 가슴을 쓸어내렸다. 형보다 밭일을 많이 도와주다 훌쩍 떠나서 서운했다.

군대 가는 날, 아빠와 쪽파밭에 농약을 살포했다. 금방 눈물이 떨어질 것 같은 마음을 진정하느라 애썼다. 전화할 때 길게 통화하면 약해진 모습 보일까 봐 짧게 끝냈다. 일산에 사는 외삼촌이 너를 바래다줄 때 이젠 필요 없다며 현금을 맡겼다니 마음이 뭉클했다. 휴대전화는 집에 보관하고 있다. 형 휴가 나오면 필요해서 일시 정지만 했어. 입고 갔던 옷과 운동화가 집에 도착했다.

6개월 먼저 입대한 형이 4월에 첫 휴가 나왔다. 도착 시간에 맞춰 식사 준비하고 기다리는데 마당으로 들어와 현관에서 엄마를 안더라. 엄만 그럴 생각도 못 했는데 마음이 달뜬 기분이었다. 얼굴에 여드름이 좀 났을 뿐, 별로 변한 모습은 아니었어.
　네가 운전면허 취득해서 시내까지 운전했다니 부러워하더라. 농사해서 좋은 밭을 샀다고 자랑했다. 군에 가면 농사는 누가 도와주느냐며 걱정하던 모습이 떠오른다. 많은 것을 의지하고 도움 받았는데 한동안은 힘들 것으로 생각한다. 군 생활 잘할 것이라 믿고 몸 관리 잘해서 멋진 모습 기대한다. 바쁜 날이 계속된다. 쪽파 가격이 좋아 이번에도 농사가 대박 났으면 한다. 편지가 늦어서 미안하다. 형이 메일에 글 남겼다는데 확인해 봐라.
　서울 나들이 갔던 내용이다. 할머니와 작은아빠 가족과 우리 가족이 서울에 갔다. 난생처음 온 가족의 나들이다. 고모 집에 도착했다. 잡채, 전, 갖가지 나물, LA갈비, 감자탕. 제주에서 가져간 해삼과 생선회, 만든 음식을 잔칫집같이 푸짐히 먹었다. 서울대공원 가서 동물 구경하고 리프트로 하늘을 날다 들어왔다.
　다음날 석필이 삼촌 결혼하는 날, 하늘이 잔뜩 흐리더니 비가 왔다. 뷔페에서 막내는 김밥을 접시 한가득 가져와 웃었다. 작은아빠가 고기를 듬뿍 가져왔는데, 수저 가지러 간 사이 우리들이 다 먹어서 깔깔거리며 또 웃었다.

표현이 없는 할머니도 웃음 지으며 지냈다. 식장에서 돌아오는 길에는 사진관에 들러 가족사진을 찍었다. 너희들이 빠져 아쉬웠지만, 오랜만에 느끼는 단란한 모습이다. 작은아빠 얼굴이 옆으로 늘려 놓은 것 같았다. 살찐 너랑 같이 찍었으면 가관이겠다며 왁자지껄 말이 많다.

며칠 생활하며 고모와 작은엄마랑 같이 식사 준비해서 편했다. 고모 음식 솜씨가 보통이 아니야. 아빠는 일찍 일어나 고모에게 과일 가져와라. 전기밥통인데 숭늉 없냐. 집에서 하던 버릇대로 여전히 요구가 많다. 아이들은 간만에 보는 사촌끼리 시끄럽게 떠드는데, 그중에 막내가 제일 개구쟁이다.

저녁 비행기로 제주에 내려왔다. 엄마는 늘 서울 다녀서 익숙한데 할머니와 아빠는 피곤해서 얼굴이 수척했다. 다음에는 아들과 나란히 여행했으면 좋겠다. 형은 5월에 열흘 정도 휴가 나온다. 필요한 것 있으면 메모했다가 편지해라 보내줄게.

동네 소식도 궁금할 것이다. 쪽파와 우뭇가사리 작업으로 일 년 중 가장 바쁜 시기를 보냈다. 아빠가 밭에서 일하다 기계에 오른쪽 손가락을 다쳤어. 휴가 나온 형이 할머니의 우뭇가사리 마중을 하다가 복귀했다. 형의 몸은 살짝 찐 듯하다. 이발하지 않고 선임 피해서 다녔다면서 저번 휴가 때보다 길었더라. 군에 가기 전보다 사고방식이 긍정적으로 변해 반가웠다.

형 복귀 전날, 형이 좋아하는 아귀찜 시켜서 할머니와 같이 맛있게 먹었다. 형은 친구랑 같은 방에서 생활하고 면회나 휴가 나올 때도 그림자처럼 따라다닌다. 둘은 중학교 때부터 단짝이다.

쪽파 작업에 인력을 쓴다. 인부들이 식사와 간식을 스스로 해결해 한결 편하다. 트랙터로 캐기 때문에 베어낸 쪽파 잎사귀가 무성해 공장장 아들과 같이 일했다. 이럴 때 네가 있으면 좋았을걸. 안마도 해주고 집안일을 거들 텐데 아쉽다.

군 생활 잘하고 있다는 소식에 얼마나 기뻤는지 모른다. 7월에는 외할머니 첫 제사라 일산에 사는 외삼촌 댁에 간다. 얼굴은 못 봐도 통화는 했으면 좋겠다. 훈련이 힘들고 어려워도, 시간이 지나면 다 추억이 되고 그리워진다.

살을 빼고 있다니 얼마나 반가운지, 휴가 때 조금은 날씬한 모습으로 돌아오길 기대해도 될까? 네가 집에 없어 마음 한편을 무겁게 누른다. 너의 흔적이 묻어 있는 집안 곳곳이 허전하다. 먼 곳에서 고된 훈련과 낯선 환경에 힘들지 않았으면, 겪는 모든 일이 더 단단하고 멋진 사람으로 성장했으면 좋겠다.

사랑하는 아들아, 엄마 마음은 언제나 네 곁에 있다. 건강하게 잘 지내고 자신을 사랑하며 지내길 바란다. 보고 싶다.

- 늦은 밤, 엄마가 너를 그리워하며 -

우산

 녹음이 짙어가는 오월이다. 농어촌인 우리 마을은 쪽파 수확이 한창이지만, 잠시 접어두고 감자밭에 농약을 살포하기로 했다. 겨울보다 해가 길어 농촌은 아침이 일찍 시작된다. 농사일에 쉴 틈이 없어 몸이 고단하다. 요 며칠 사이엔 비가 내리지 않았다. 땅은 바싹 마르고, 농부의 몸도 지쳐 간다. 비는 작물에만 좋은 게 아니라 농부의 심신을 쉬게 하는 데도 필요하다. 하지만 많은 감자밭에 농약을 살포하려면 서둘러야 한다. 질 좋은 감자를 수확하려면 시기를 놓치면 안 되고 많은 일손과 정성이 필요하다.
 늦은 오후, 밭 하나를 남겨둔 시점에서 농약이 떨어졌다. 남편이 잠시 차에 실린 농사용 물통에 물을 넣는 동안 나는 눈을 감아 버렸다. 얼마나 지났을까. 남편이 빨리 일어나라고 재촉하는 것 같다. 바닥에 눌어붙은 젖은 종이를 떼어 내듯이 눈꺼풀을 조금씩 들어 올렸다. 남편이 나를 보더니 안쓰러운지 집에 가서 쉬라고 한다. 아직 농약 살포가 끝나지 않았는데 어떻게 가느냐는 표정으로 쳐다봤다. 막내 생일인데 시내 가서 아들 만나 맛있는 저녁 먹고 오라는 것이다.

남편은 마음 씀씀이가 늘 너그럽다. 밭에서 무거운 물건이 있으면 내 손이 닿기 전에 먼저 해버린다. 혼자 밭에 가면 수시로 전화해서 밥은 먹었는지 힘들지는 않은지 너무 늦지 말고 오라 한다. 막내 생일이지만 미안함과 고마움을 동시에 느끼며 무거운 몸을 이끌고 집으로 왔다.

집에 와서 두 아들과 통화한다. 제주시에서 대학 다니며 아르바이트하는 아들이다. 막내 생일이라 집으로 온다는 것을 내가 가겠다고 했다. 학교에서 돌아온 초등학교 다니는 막내아들과 황금빛 햇살을 받으며 시내로 갔다.

아들이 자취방에서 들뜬 마음으로 환하게 반긴다. 생일 파티의 장소는 몇 년 전 같이 먹었던 찜닭으로 정했다. 평소에도 아들이 불러서 웬만한 맛집은 두루 다녀 봤다.

음식이 나오기를 기다리는데 남편으로부터 전화가 왔다. 아들과 재미있게 잘 놀다 오라고 한다. 남편은 밭에 있는데 나만 나와서 미안했다. 집에 갈 때 남편 몫도 챙겨야겠다. 가장으로서 성실히 책임과 의무를 다하는 모습에 항상 고마움을 느낀다. 아들에게도 떳떳한 아빠이다. 아들 셋과 사진도 몇 컷 찍어서 스마트폰에 저장했다. 나중에 카카오스토리에 사진과 글을 남겼다. 이런

게 삶의 행복이며 가족사라는 생각이 든다.

　결혼해서 부부가 되고 자식이 태어났다. 기쁘고 행복할 겨를도 미처 느끼지 못하며 지냈다. 윤회설에선 수없이 반복된 인연으로 부부가 되고 부모와 자식의 관계가 된다고 한다. 사랑하고 때론 미워도 하며 지낸 날들이다. 자식에게 어떻게 살라고 얘기하지 않고 말보다는 행동으로 보여준다. 그렇게 보고 성장한 아이들이 부모의 노고를 알아주고 위해준다.

　밖을 보니 녹음을 머금은 진초록 유리창 위로 빗방울이 투덕거린다. 우산을 쓰고 다니는 사람이 여럿 보인다. 그냥 맞기에는 빗방울이 굵다. 큰아들이 잠깐 기다리라며 밖에 나갔다 들어온다. 비닐우산을 한 개 사 왔다. 막냇동생과 같이 쓰란다. 큰애 둘은 그냥 비를 맞으며 걸어간다.

　하늘로 향한 아들의 얼굴에 빗방울이 도레미파로 떨어진다. 한 개 더 사 오지 했더니, 자취방에 우산이 많고 자기들은 비를 맞아도 된단다. 아무렇지 않다며 내 걸음의 속도에 맞추어 느릿느릿 걸어가는 모습이 믿음직스러워 보이는지 모르겠다. 내 마음도 냇물 흐르듯 출렁거린다. 바쁜 시간이지만 엄마에게 시간을 내주는 게 아깝지 않은 아들이다.

　우산 속에서 걷다 보니 「쉘부르의 우산」이란 영화가 생각난다. 아름답고 순수했던 청순한 남녀의 사랑 이야기이다. 첫사랑의 마법과 다시 만나는 순간을 그렸다. 노르망디 해협의 작은 항구도시 쉘부르. 어머니의 우산 가게 일을 돕는 '주느비에브'와 자동차 수리공 '기'는 사랑에 빠진다. 프랑스 뮤지컬 고전영화다. 영상미가 하나같이 다 특별하다. 60년대 영화라는 게 안 믿길 정도로 색채감이나 영상미가 뛰어나다. 지금 보아도 이질감 없이 무난하게 소화하는 헤어스타일과 복고풍이 가득하다. 멋스러운 파리 패션도 감상할 수 있어 좋았다. 이 영화가 유명한 이유는 예쁜 주인공과 아름다운 노래가 한몫했다.

영롱한 빗방울이 촉촉이 내리는 저녁에 장성한 아들 셋과 나란히 걸어가니 보디가드를 동반한 왕비 같은 착각에 빠져든다. 비록 비닐우산이지만, 지금 이 순간은 세상의 풍파를 다 막아 줄 것 같은 남편과 아들이 있어 감동적인 날이다. 힘들게 혼자서 농약을 살포하는 남편은 가족을 지키는 가장 큰 우산이다. 그 우산 아래에서 고난을 이겨 낸다. 가족이란 이름으로 서로를 위하며 살아가는 일은 얼마나 아름다운가.

찜닭 하나를 포장했다.

4부

시간의 퍼즐을 맞추며 아침을 열었다. 삼월 말 하순에 새벽부터 후드득 빗방울 떨어지는 소리가 유리창 너머로 들린다. 빗방울은 많아져서 빗줄기로 변한다. 봄이지만 비도 내리고 싸늘한 날씨에 따뜻한 옷으로 입었다.

눈물의 색깔

인간은 울면서 태어난다. 자신의 존재를 처음으로 알리기 위해 표현하는 수단이 눈물이다. 영·유아도 아프거나 배고프고 졸릴 때도 울음으로 표현한다. 몸의 물기를 빨래 비틀어 짜듯이 울음으로 알린다.

슬프지 않을 때 흘리는 눈물은 더 짜고 쓴맛이 난다고 한다. 인간만이 눈물을 흘리는 건 아니다. 동물도 눈물샘이 있어 인간처럼 슬플 때 눈물을 흘린다. 눈물이 보이지 않는다고 해서 울지 않는 것은 아니다. 짐승의 커다란 눈에 그렁그렁한 모습은 아픔을 표현하는 언어이다.

"남자는 태어나서 세 번만 울어야 한다."라는 말이 있다. 남자는 울면 안 된다는 고정관념 때문이다. 남자의 눈물은 더 강력한 것이라고 여겼다. 여자의 경우 '눈물'이라는 무기를 쓰며 우는 이유는 억울하고 분할 때이다. 슬픈 상황에서 우울함을 전달하는 신경세포의 활동이 남자보다 많아서일지도 모른다. 실연이나 상을 당했을 땐 괴롭더라도 울어버리면 빨리 회복할 수 있어 좋다. 눈물은 때로 마음을 안정시키는 진정 효과가 있다.

 바람이 불며 꽃이 지던 날, 어머니가 돌아가셨다. 영정사진 앞이다. 울음은 가슴 저 밑바닥에서 헤집으며 통곡이 되어 터진다. 서러움은 안개가, 그리움은 비가 되는 그 이름 앞에 무너진다. 울음에는 더 큰 울음을 부어 넣어야 흘러넘쳐 떨어진다. 가득 고인 슬픔이 눈물로 흐르길 가만히 기다린다. 황량한 벌판에 혼자 남겨진 것 같은 외로움이다. 죽음은 남은 자의 그리움이라는 걸 느꼈다. 서러움이 가슴을 꽉 채우자, 이슬방울도 길을 잃어버린다.

 이른 저녁 부엌에 있을 때다. 허공으로 악보 하나가 펄럭인다. 물을 뿌린 듯 고요한 정적만이 감돌고 마음은 착 가라앉는다. 눈시울이 차츰 뜨거워지면서 감정이 일렁이다 마침내 터지고 말았다. 노오란 잎들이 땅으로 쏟아지듯이 울었다. 이유 없는 공허함이 고개를 든다. 사랑하는 사람이 떠난 허전함에 마음이 온통 빈 것 같다.

 '사랑'의 원래 뜻은 '생각'이라고 한다. 누군가를 사랑하는 것은 그 사람을 오래 생각한다는 것이다. 순간, 어머니 생각에 흐르는 눈물은 멈추질 않는다. 맑은 하늘이 갑자기 어두워진다. 먹빛이 무겁게 입을 다물고 있다. 창밖에서 사락사락하는 소리가 들린다. 바람 소리 같기도 하고 빗소리 같기도 하다. 이심전심일까.

자연 사물과도 마음이 통하는 날이다. 가슴에 울음이 차는데 비가 양철지붕을 빌려 한참을 울고 갔다. 시간과 공간엔 온전히 쓸쓸함만 흘러 다닌다. 막내아들도 자신의 방에서 훌쩍인다. 제법 컸다고 엄마의 마음을 알아준다. 틀어놓은 수돗물처럼 눈물이 주르륵 그칠 줄 모른다. 한없이 여린 꽃잎을 눈물 물감으로 그리고 말았다.

상념에 빠져 있는데 아들이 갑자기 소리쳤다. "엄마, 양파 그만 썰어!" 순간 퍼뜩 정신이 돌아온다. 양파를 썰면서 어머니 모습이 떠올라 나도 모르게 눈물범벅이 되고 말았다.

이웃 마을에 사는 분이 양파 두 망을 마당에 내려놨다. 싱싱할 때 양파액을 담그려고 부산을 떤다. 양파를 여러 조각으로 자르니 매운맛을 내는 성분이 눈물을 흘리게 한다. 매운 눈물이 아닌 건강한 기쁨의 눈물을 흘리는 날이 많기를 소망해 본다. 눈물에는 보이지 않는 색깔이 있어 슬픔의 눈물은 검은색이고 기쁨의 눈물은 환희의 여과 망에 걸러져 하얀색으로 흐른다.

십여 년 전, 환희에 벅차오르는 눈물을 흘렸다. 당시에는 제주도 땅값이 치솟지 않았다. 옆 동네에서 토지가 나와 매입하게 되었다. 아아, 내 땅을 갖게 된 것이다. 그날은 마침 아버님 제삿날이라 더 기쁘다. 어떤 기에 이끌려 그랬는지 모르지만, 그때도 가슴에는 울음이 차올랐다. 눈물 한 방울이 가진 무게가 마음을 표현할 때 감동은 더 진하게 다가온다. 눈물은 정직한 몸의 언어이다.

 부부가 농사에만 전념하며 재산을 늘린다는 건 쉬운 일이 아니다. 초보 농부의 아내가 되어 생활하려니 정서에 맞지 않아 얼마나 힘들었는지 한동안은 안개 낀 숲속에 갇힌 듯 막막한 날들이 이어졌다. 시간이 지나며 경험도 쌓이고 많은 일이 기계화되며 대농을 하게 되었다. 옆 동네까지 소문이 날 정도로 남편의 부지런함을 인정받게 되고 소득도 늘었다.

 "농사가 대박 났는데, 엄마 글도 대박 나면 좋겠다." 어쭙잖게 글을 쓰는 나를 생각하는 아들의 말이다. 내 글은 언제면 꽃피울까. 시간이 지난다고 꽃이 피는 것이 아니다. 처음 글을 쓰면서 얼마나 헤맸던가.

 꽃이 저절로 피는 것 같지만, 그 뒤에는 간절한 기다림이 숨겨졌다. 어떤 일에도 노력이 없으면 열매가 맺히지 않는다. 온몸에 기운을 짜내는 순간을 수없이 맞닥뜨려야 한다. 기쁨의 눈물, 최고로 값진 눈물을 만나기 위해서다.

시 낭송, 그 떨림의 기억

 살아간다는 것은 겨울바람에 맞서는 문풍지의 떨림 같다. 바람맞이 언덕에 홀로 서 있는 등 굽은 소나무는 외롭다. 달맞이꽃은 무엇이 그리운지 밤마다 달을 쫓는다.
 동녘도서관 강당에서 해녀항쟁 기념식이 열린다며 담당자에게서 전화가 왔다. 식전 행사로 시 낭송이 있다고 한다. 해본 적은 없지만 부탁을 받고는 그러겠다고 답했다. 처음이라는 말에는 떨림이 있다. 낭송가들이 그윽한 표정으로 시를 읊는 모습이 부러웠다. 그들처럼 멋지게 무대에 서보고 싶다. 하지만 어떤 시를 골라야 할지 막막하다. 오렌지빛 노을 속에 머뭇거리던 해가 우리 집 현관을 기웃거린다.
 간간이 내리던 눈발은 알이 굵어진다. 문학회 회장님께 얘기하니 자신의 「숨비소리」를 슬쩍 권한다. 해녀에 대한 내용이고 행사 때의 분위기와 맞다. 몇 번을 읽고 또 읽었다. 둘째가 낭독하는 소리를 유심히 듣는다. 마음에 들지 않은 듯 책 읽는 소리 같다고 한다. 시 낭송하는 방법을 배워보지 않아서 어떻게 연습해야 할지 걱정이 앞선다. 해녀들의 삶이 바람 앞에 촛불처럼 아슬아슬하다.

쑥부쟁이 피는 제주 바닷가에 서면
바동거리며 물 위로 뜬 소생의 소리가 들린다.
세계를 다 돌아다녀도
이승과 저승 사이 가보지 않은 사람은
흉내 낼 수 없는 생명의 소리
(중략)
살아서 이승에 왔다고
망사리에 굽이진 사연 담아
휘청거리이며 뭍으로 나오신다.
그 입가 시퍼렇게
쑥부쟁이 꽃이 피어 있다.

- 홍기표 「숨비소리」 일부

낭독하고 녹음해서 들어본다. 억양에 높고 낮음도 없고 암기해서 몇 번을 되뇌니 감정은 조금 생기는 데 그리 큰 변화는 없다. 낭송도 문제지만 어떤 옷을 입어야 하나. 겨울이라 집에 있는 가죽 잠바를 고르고 같이 입을 티셔츠와 바지를 샀다. 신발은 무릎까지 오는 부츠로 정하고 속눈썹도 준비하는데, 결혼하고 처음이다. 그날 상당히 춥다는 일기예보가 마음에 걸린다.

며칠 전 미리 도서관에 가서 강당을 둘러봤다. 혼자 무대에 서서 여러 번 낭송했다. 하루 전날, 사무국장 만나 어떤 음악을 준비할지 고르고 연습하는데 영 시원찮다. 다른 사람이 낭독하는 것을 들어보니 칭찬할 만하다. 그동안 틈만 나면 연습했는데 나는 뭔가. 한 시간 정도 연습하다가 돌아왔다. 그 사이 식구들은 다 어디로 갔는지 집이 물밑처럼 고요하다.

드디어 그날이 왔다. 하늘은 아득히 펼쳐진 회색 창호지 같다. 눈이 내릴 듯 착 가라앉은 날이다. 아침도 못 먹고 미용실에 가서 눈썹까지 붙이고 행사장으로 가는데, 눈이 한 송이씩 나풀나풀 내린다. 시간 여유가 있어서 많이 빈 객석이 눈에 들어온다. 담당자에게 음악을 틀어 달라고 부탁해서 연습했다. 마이크가 세워져서 몸을 움직일 때는 안 들릴 것 같아 들고 해야겠다.

사람들이 강당으로 들어온다. 읍내의 해녀와 관계된 이들이다. 마지막에 국회의원과 도지사가 모습을 드러내도 아랑곳하지 않고 옆 사람이 들릴 정도로 시를 읊었다. '나는 할 수 있다. 해야만 한다. 잘할 거야.' 스스로 최면을 건다. 노력하는 고통도 성취의 기쁨도 고스란히 자신의 것이다. 차례가 되어 사회자가 내 프로필을 간단히 소개한다. 계단을 세 번 올라 무대 중앙에 가서 공손히

인사한다. 마이크를 빼서 꼭 붙들고 다리를 조금 벌려 음악이 나오기를 기다렸다. 오롯이 혼자였다. 많은 사람 안에서 홀로 긴장되고 떨렸다.

몸은 무대에 서 있지만 마음은 공중에 붕 떴다. 눈앞에 출렁이는 바다가 보인다. 지금, 이 순간 삶을 사랑하는 것. 향내를 품어내는 풀꽃이 되고 싶다. 꽃잎을 한 잎 두 잎 바닷물에 던진다. 꽃잎은 너울너울 춤을 추며 멀어져간다. 음악이 물결치듯 흐르는 가운데 시작했다. 마이크 성능이 좋다. 연습할 때보다 더 큰 목소리로 감정 넣어서 실수 없이 낭송했다. 관객을 바라봤다. 한겨울에 뜨거운 빛의 한가운데 서 있는 것처럼 느껴진다. 햇살이 번득인다. 물러설 수 없는 감정 속으로 말없이 걸어간다. 그 느낌에 모든 것을 맡긴다.

무대에서 내려와도 박수 소리가 따라온다. 무거운 것을 남김없이 털어낸 듯, 마음이 가볍다 못해 공허하다. 식전 행사가 끝나고 애국가 제창과 묵념이 이어진다. 왜 이리 떨릴까. 긴장이 풀려서일까. 자면서도 시를 읊고 쉴 새 없이 연습했던 시간이 떠오른다. 시 낭송이 이렇게 어려운 줄 예전에는 미처 몰랐다.

행사가 끝나고, 사람들은 어깨를 스치며 작은 소용돌이를 남기고 사라진다. 동네 분도 오셨으니 평가하실 거다. 그래도 처음 치고는 만족한다. 애쓴 보람이 있다. 세상에 쉬운 일은 없다. 어려움이 닥칠 때, 삶의 조각들이 하나둘 일어나 열정으로 도사린다. 삶의 묘미는 결국 그 과정에 있다.

  시낭송의 떨림과 울림이 복숭아 같은 심장을 서서히 붉게 물들인다.

젖은 겨울

제주 섬이 꽁꽁 얼었다. 창밖을 보니 온 세상이 하얗게 물들었다. 바닷가 동네에 눈이 쌓이는 일은 흔치 않은 풍경이다. 소복이 쌓인 눈은 지상의 발자국이나 지나온 시간마저 지워놓는다. 평온한 시간은 오래 머무르지 않는다. 검은 구름이 하늘을 뒤덮고 꿈틀거린다. 구름이 모양을 바꿀 때마다 지상의 시간도 느려지거나 빨라진다.

느긋한 마음으로 머리를 감는데, 전화벨이 요란하게 울린다. 젖은 머리에 샴푸가 잔뜩 묻어있기에 빨리 받을 수 없다. 동네 분이 달려와 "어머니가 많이 다쳤다!" 다급하게 외친다. 어쩌다가 다쳤는지 물어볼 경황도 없이 황급히 어머님 댁으로 달려갔다.

리사무소에 다녀오다가 눈길에 넘어져 허리와 손목을 다쳤다. 눈이 녹으면서 빙판이라 차들은 체인을 감아야 운행할 수 있는 날씨다. 구급차도 속도를 내지 못했는지 거북이걸음으로 도착했다. 제일 가까운 종합병원으로 간다. 응급실에는 골절 환자로 북

새통을 이룬다. CT 촬영 결과 손목의 뼈가 부러지고 허리는 금이 갔다. 그래도 신경은 온전해서 안도의 숨이 나왔다. 정확한 진단을 위해서 내일 MRI를 찍기로 했다.

넓은 병실에는 많은 환자가 입원해 있다. 병실에서 통증을 호소하는 어머니를 계속 주물러 드렸다. 식사가 나와도 고개를 젓고 물만 조금 드실 뿐, 밤새 주무시지 못하고 뒤척인다. 주위는 적막에 싸이고 공기는 무겁기만 하다. 무채색으로 침착하게 주저앉은 풍경 속이다. 칠흑 같은 어둠으로 겹겹이 옷을 껴입은 것처럼 답답함을 몰고 온다. 환자에게 어두운 밤은 일각이 여삼추다. 통증이 가라앉기만을 기다린다. 화선지에 먹물이 번지듯 내 마음에도 아프게 스며든다. 천천히 떨어지는 링거액의 숫자를 세면서 황량한 밤을 하얗게 지새웠다.

누구에게나 큰일은 생기는데 해는 뜨고 헤쳐나가기 마련이다. 어제는 못 보던 소변을 힘겹게 봤다. 남들은 자연스러운 것이 환자에겐 사투로 보인다. 누워서 모든 것을 해결해야 한다. 며느리에게 몸을 맡기는 게 민망한지 살포시 눈을 내리감는다. 잠깐씩 주무시고 허리가 아파서 옆으로 눕는 것도 힘들어한다. 팔순인 어머니 머리에는 세월의 눈이 소복이 내려 하얗다.

내가 결혼할 당시에는 어머니의 나이가 지금 내 나이보다 어렸다. 농어촌에서 바다와 밭일로 평생을 살았다. 제주 여인들은 생활력이 강하다. 평생을 흙과 소통하고 바다의 언어를 터득하며 산다. 해녀는 물때 맞춰 바다에 나가야 짠내 나는 양식을 건져 올린다. 그렇지 않은 날은 종일 밭에서 흙에 땀을 쏟는다. 비가 내려야 허리를 펼 수 있는 잠깐의 시간을 얻는다. 맑은 날에 일하지 못할 사정이 생기면 안절부절못한다. 오랜 시간 길든 습관이며 일과이다.

어머니 세대는 자신을 희생하며 자식을 위해 사셨다. 철없는 며느리를 꾸짖기보다 넓은 아량으로 품어 주셨다. 내리 아들을 낳을 때마다 흐뭇해하시던 표정이 스쳐 간다. 지금은 홀몸이지만 아버님이 계실 때도 조용히 그림자처럼 지냈다. 결혼하고 이십여 년 동안 어머니와 단둘이 오래 있어 본 적이 없다. 평상시에는 느껴보지 못한 감정이 생긴다. 든든한 모습으로 곁에 계실 줄 알았는데 날개를 다친 새처럼 힘이 없다.

같은 병실에 오래 있으니 사람들의 분위기를 느낄 수 있다. 백세를 바라보는 어머니를 간호하는 며느리도 환갑을 훌쩍 넘겼다. 또한 칠순을 바라보는 남편이 직장에서 돌아와 아내를 돌본다. 남의 사생활이 한 공간에 있으니 눈에 들어온다. 피곤하고 지쳤을 때 위로하며 마음을 나누는 가족을 본다. 아무런 말이 없어도 그 존재만으로도 힘이 되고 격려가 되는 게 가족이라는 걸 새삼 느낀다.

사람은 때로 다른 이의 고통을 보며 위로를 받곤 한다. 우리만 고난 속에 처해 있지 않다는 것, 살아가는 건 누구나 고난을 함께 짊어지고 가야 한다는 걸 느낀다. 어머니는 시간이 지나면 좋아질 수 있으니 얼마나 다행인가. 인간은 끊임없이 아픔을 지니며 살아야 하는 나약한 존재라 너무 애쓰지 말고 순리대로 두는 것도 지혜라 여긴다.

병실에서 아픈 이들과 오래 있으니 생각이 많아진다. 사람의 일이란 한 치 앞을 몰라서 무엇이든 잃어 보아야 깨닫게 되나 보다. 우리는 때로 진실보다 헛것에 갇혀 산다. 환자들이 만드는 잿빛 시간을 접하며 움직일 수 있음에 고마움을 가슴으로 깨우친다. 삶이란 무거운 짐을 지고 살아야 하고 고뇌를 느끼기도 한다.

겨울은 안으로 숨 쉬며 채우기보다 비우는 계절이다. 우울한 몇 가지 색으로 대지를 지킨다. 색을 버린 대지의 겸허하고 낮은 자세를 본다. 화려함을 마다하고 본질의 색으로 되돌아온 무심의 경지, 그 가운데 겨울의 아름다움이 존재한다. 인간은 본질적으로 외로움을 많이 타는 우울한 존재다. 쓸쓸함이나 우울함 같은 건 자신을 되돌아보며 통찰할 좋은 기회를 만들어준다. 왜 사는지에 대한 고뇌도, 어떻게 살아야 할지에 대한 대답도 자신의 자아 속에 담겼다. 그걸 찾는 계절이 겨울인지도 모른다.

창밖에는 저녁 풍경이 펼쳐진다. 빛이 가시고 어둠이 스며든다.

눈이 내릴 듯 하늘은 잔뜩 흐려 자세를 바꾸려 한다. 흩날리던 눈송이가 함박눈으로 변했다. 어디가 땅이고 어디가 하늘인지 구별할 수 없는 백색의 천지가 되었다. 황혼은 맑은 물에 먹물을 떨어뜨린 것처럼 빠르게 짙어간다.

병원 주위가 숲이라 눈 덮인 경치가 아름답다. 겨울에만 느끼고 볼 수 있는 자연의 신비로움이다. 흰 눈이 수북하다. 환자의 마음에도 포근히 내려앉아 위로해 주기를 바라본다. 살아간다는 것은 살아온 길을 되돌아보면서 조심히 발걸음을 옮기라는 것인가. 심한 치유의 기적이 일어나면 아침 이슬처럼 통증도 사라지겠지만, 어머니는 이 순간도 아픔으로 고통스럽다. 살아있음은 저녁노을 속에 사라져 버리는 그림자 같다. 어둠은 모든 부정적인 감정을 품은 채 침묵으로 답한다.

밤은 깊어간다. 병실의 침묵 속에서 고뇌하는 시간, 뒤척임이 길어질수록 어둠은 더 짙다. 그러나 그 뒤척임 속에서 '살고 싶다'는 본능이 꿈틀댄다. 창밖을 서성이는 바람 소리가 침묵을 깨뜨린다. 환자와 바람 소리만 깨어 있다. 참았던 바람이 다시 분다. 통증은 더 심해지고 어머니는 불면의 밤이다. 바지랑대가 잠자리 날개를 쉬게 할 수 있듯이, 통증을 덜게 할 수 있다면 얼마나 좋을까.

온 세상을 뒤덮은 눈은 환자의 아픔을 모른 척한다. 어느덧 창밖은 하나의 색으로 젖었다. 젖은 겨울의 밤은 하-얗-다.

아찔했던 순간

우리 마을은 바다 내음을 품은 행원리이다. 바람이 많아 지나가던 물고기조차 포구로 올라온다 하여 '어등개'라 불렸다. 풍차가 돌고 해녀들이 바다를 누비는 어촌 마을, 동쪽 구좌읍에 속하며 세계자연유산으로 지정된 아름다운 곳이다.

진달래를 기다리는 개나리꽃이 피는 봄이다. 개나리는 노란 꿈을 꾸어서 노란색인가. 봄빛이 가득하여 햇살이 따사롭다. 봄은 하늘에서도 내리고 땅에서도 피어오르는 듯하다. 이맘때면 밭일 하다가도 잠시 미룬다. 동별로 바다에서 톳 채취 작업을 한다. 아무 때나 할 수 있는 것이 아니고 물때에 맞추어 오후쯤 시작해서 저녁까지 이어진다.

톳은 바닷가 갯바위에서 자생한다. 면이 평평한 바위에 살며 긴 줄기에 길쭉한 공기주머니를 가진 해조류 잎이 붙는다. 다 자란 톳을 낫으로 베서 채취하는데 진한 갈색을 띤다. 끓는 물에 데치면 짭조름한 향이 퍼지면서 초록색으로 변한다. 나른해지기 쉬운 봄철에 건강식으로 좋다.

 남편이 마을의 동장이라 간식을 준비했다. 간식거리를 잔뜩 사서 살랑거리는 미풍에 햇살 한 줌 내리는 해안으로 갔다. 바다에도 봄은 미리 와서 기다리고 있었다. 이리저리 살폈지만, 사람들은 보이지 않았다. 긴 모퉁이를 휘어 돌아 한참을 갔다. 썰물이라 갯바위가 훤히 드러나 있고 자연 그대로 널려있는 톳이 보인다. 풍차가 기우뚱거리는 바닷가 마을이 그림책 속의 풍경처럼 펼쳐졌다.

 지게로 톳을 힘겹게 나르는 남편과 사람들이 저 멀리 보인다. 주민들이 모여 톳을 채취하는 모습은 그야말로 장관이다. 봄은 사람들의 왁자한 웃음소리와 함께 어우러진다. 비로소 찾았다는 안도감에 무척 반가웠다. 찾아다닐 때는 눈에 들어오지 않던 전경이 보인다. 고즈넉한 날씨에 바다에는 윤슬이 반짝인다. 물보라가 생겼다가 사라지며 또 생긴다. 끊임없이 밀려왔다 부서지는 파도 소리. 바람이 물살을 가르며 물 피부를 난도질한다. 일렁이는가 싶으면 어느새 출렁거린다. 물결이 일렁이는 바다처럼 하늘이 출렁이는 것을 느껴 정신이 아득해진다.

 간식을 전달하는 임무를 마치고 돌아가는 길이다. 무거운 간식을 들고 여러 곳을 찾아다녀서 기진맥진한 상태라 돌아가는 길이 유독 멀게 느껴진다. 인근 해양경비대 지름길을 선택했다. 그 길은 보안 통제가 이뤄지는 해양경비대 앞마당을 통과해야 한다. 말만 잘하면 10분은 단축할 수 있는 길이다.

운동장이라고 할 만큼 넓은 마당으로 살금살금 들어서는 중이다. 강아지 세 마리가 낯선 사람을 향해 '멍멍' 짖어대며 뛰어나온다. 몽실한 강아지들을 귀여워할 겨를도 없이 초소에서 젊은 남자와 함께 지켜보던 누런 개가 험상궂게 짖어댄다. 맹수가 포효를 통해 자신의 존재감을 표현한다.

찰나의 순간에 다가온 도사견이 내 왼쪽 다리를 물었다. 순간 통증과 짜증이 울컥 몰려온다. 감전이라도 된 듯 자리에 서 버렸다. 떨치고 일어서서 정신을 차려야 한다. 잘못 들어섰다는 생각이 번개처럼 머리를 스쳤지만 이미 엎질러진 물이다.

다른 동물도 좋아하지만 강아지를 보면 사랑스러워 만져보고 싶어진다. 도사견이라도 짖기만 하고 물 거라고는 생각을 못했다. 초소의 군인은 당황해 어찌할 바를 모른다. 남편을 큰 소리로 부르자 황급히 바람처럼 달려와 걱정스러운 표정으로 다리를 살핀다. 살이 많이 벗겨졌다. 병원에 빨리 가라고 재촉한다. 초록빛 바다도 걸어와 아우성친다.

남편과 동행하지 못하고 혼자 병원에 갔다. 연뿌리처럼 구멍이 숭숭 뚫린 것 같은 마음이다. 세 군데 이빨 자국 중 한 곳의 상처가 매우 깊다. 이런 경우 꽤 오래간다며 걱정스러운 표정으로 의사가 말했다. 살다 보니 눈 깜짝할 사이에 이런 일도 있구나, 혼자 중얼거렸다. 걸어 다니거나 생활하는 데는 지장이 없지만, 몸의 어느 부분이 아프면 신경 쓰이며 불편하다. 건강할 때는 고마움을 잊고 살다가 무엇이든 없어야 소중함을 느낀다. 길 위에 구르는 돌멩이 하나, 스쳐 가는 바람 한 톨이 귀하다. 모든 것이 살며시 다가와 수런댄다.

나중에 이 일을 알게 된 어머님은 초소에 가서 어렵게 된장을 얻어왔다. 개 주인의 된장을 발라야 낫는다는 옛 어른들의 민간요법에 따른 조치였다.

어머니는 평소 표현이 없는 편이다. 내가 잘한 일이 있어도 칭찬해 준 적이 없다. 15년 이상 같은 동네에 얼굴 맞대며 살면서 잘한 일이 있을 때면 잘했다고 칭찬해 주면 좋으련만, 성격이 그러려니 생각하다가도 서운할 때가 여러 번 있었다. 그런데 며느리를 위해 발 벗고 나섰다. 표현은 하지 않지만 속으로는 생각하고 있구나. 이제야 마음을 조금 알 것 같다. 그간의 서운함이 눈 녹듯 사라진다. 아무것도 하지 않으나 언제나 힘이 될 수 있는 강한 존재가 아닌가.

세상은 다소곳이 고개 숙여 제자리를 찾아간다. 행복은 찾아오는 것이 아니라 보듬고 가꾸어야만, 그때서야 알은체한다. 정신의 공복을 채우지 못하면 어떤 만남도 무의미하다. 아픈 상처는 결국 사랑과 정성으로 치유되는 법이다.

그 후 개를 바라보는 표정이 부드럽지 않다. 그때 기억이 선명히 자리 잡고 있기 때문이다. 상처 부위에 된장을 바르는 게 내키지 않지만, 애써 마련한 된장을 무시하기가 더 난감하다. 희미하게 상처 자국은 있지만, 시간이 지나면서 된장의 특효와 어머니의 정성으로 상처가 아물었다.

바닷가 마을에 정착한 지도 오래되었다. 이맘때면 그날의 풍경이 쓸쓸하게 떠오른다. 흉터는 사라져도 아찔했던 기억은 뇌리에 박혀 지워지지 않는다.

연꽃을 닮은 보길도

"여행을 떠나지 않는 자는 인생이라는 거대한 책의 첫 페이지밖에 읽지 않은 사람이다." 어느 작가의 말처럼 여행을 가기로 했다. 구좌문학회가 동인지를 출간한 지도 어언 십 년이 지났다. 도내에서 하루 일정으로 하던 문학기행을 올해는 전남 완도에 있는 보길도로 가기로 했다.

시간의 퍼즐을 맞추며 아침을 열었다. 삼월 말 하순에 새벽부터 후드득 빗방울 떨어지는 소리가 유리창 너머로 들린다. 빗방울은 많아져서 빗줄기로 변한다. 봄이지만 비도 내리고 싸늘한 날씨에 따뜻한 옷으로 입었다. 제주에서 완도행 여객선에 승선하고 항해 끝에 도착했다.

완도 앞바다는 전복 양식장이 즐비하다. 봄비는 여기서도 우리를 기다리며 반긴다. 일기예보에는 오전만 내린다는데 비에 젖은 도로를 걸으며 언제 그칠지 모를 하늘만 무심히 쳐다본다. 여행 계획은 걸어서 다니기로 했는데 비가 많이는 내리지 않지만 당혹

스럽다.

완도 화흥포에서 노화도 동천항으로 가기 위해 버스를 타니 요금이 오백 원이다. 잔돈이 없어 잠시 망설이니 승객인 아저씨가 요금을 선뜻 내주니 일행이 있어 고맙지만 사양했다. 그 아저씨는 내 뒤에 앉는다. 구수한 트로트가 흘러나오니 아저씨도 따라 흥얼거리는데 한 박자 느리게 부른다. 대놓고 웃지는 못했지만, 남도의 풍류와 여유로움을 느낄 수 있다.

노화도 동천항에 도착했지만 배 안에서 이야기하며 느지막하게 내렸다. 보길도행 마을버스가 없어 매표소에 물어보니 출발 소요 시간이 따로 있는 게 아니라 손님이 있으면 떠난다고 한다. 할 수 없이 택시를 타고 보길도로 갔다. 비가 그친 숲은 빗방울이 보석처럼 반짝인다. 맑게 갠 하늘과 깨끗한 공기가 싱그럽다. 군데군데 파인 공간에 투명한 햇살이 고인다. 하늘은 파란색 순도를 높이려고 널브러진 구름 조각들을 쓸어낸다. 매표소에서 준비한 비옷이 무용지물이 되었지만 기분은 좋다.

남도 여행은 많이 다녔지만, 보길도는 처음이라 설레는 마음으로 갔다. 처음 들어선 곳은 한국의 3대 정원인 마을 어귀에 있는 고색창연함이 물씬 풍기는 세연정이다.

세연정은 놀이의 공간이다. 계곡물을 막아 연못을 만들고 주위에 정자를 지었다. 그 연못에 배를 띄우고 자신이 지은 〈어부사시

사〉를 노래한다. 춘하추동 계절마다 출항해서 귀항까지 어부의 일과를 시간 순서로 읊었다.

자연을 친구처럼 가까이할 때 몸과 마음은 건강할 수밖에 없다. 고산은 마치 진흙탕과 같은 시대를 살았으나 강직한 성품으로 그 향기를 잃지 않았던 조선시대의 지성이다. 연蓮과 인연이 많았던 그는 연꽃과 같은 삶을 살았다.

중국 사신이 시詩 하나를 지어 말하기를 "바람이 댓잎에 불어오니 십만 장부가 떠들썩하게 지껄이는 소리 같구나." 이어 우리나라 사람이 응대하기를 "비가 연꽃에 뿌리니 삼천궁녀가 목욕하는 모습 같구나." 이 얼마나 멋진 대구인가.

선인들의 풍류를 생각하며 곡수당 건너 산 중턱 절벽 위에 지은 동천석실로 갔다. 돌다리에 앉아 졸졸졸 흐르는 개울물 소리 들으며 윤선도의 풍류를 흉내 내본다. 밧줄 타고 올랐는데 힘든 만큼 문학의 기운을 듬뿍 담는다. 동천석실에서 저 멀리 있는 낙서재를 바라본다. 보길도에 여행 온 최고의 보람이다. 윤선도가 걸었던 옛길이라 생각하며 발바닥으로 땅의 감촉을 느끼며 여유 있게 걸으니 더 좋다. 해가 뉘엿뉘엿 져가고 새들이 부산스레 날아가는 시간이다.

다음날 날이 밝자 일찍 가방을 둘러메고 길을 나섰다. 숙소 앞에 있는 상록수림 샛길로 예송리 몽돌 바닷가로 갔다. 동글동글

한 자갈들이 1km 넘게 깔렸다. 예송 몽돌해변 주변으로 아름드리 노송이 울창하고 모래 대신 곱고 둥근 돌이 깔렸다. 아침 햇살은 꽃처럼 화사하면서 금빛 가루를 뿌려놓은 것처럼 찬란하다. 아무도 없는 바닷가에 우리 일행만이 동영상을 찍고 카메라의 셔터를 누르며 시간 가는 줄 모른다.

몽돌의 크기가 가지각색이고 앙증맞게 손에 쏙 들어오는 것도 있다. 밀물이었다가 썰물이 될 때 쏴아아 몽돌의 환호성도 들린다. 파도가 센 제주의 바다만 보았는데 보길도 바다는 바람이 거의 없다. 바다라기보다 도화지에 파란 물감으로 색칠한 것 같은 생각이 든다. 태풍이 왔을 때 주위에 있던 배들이 이곳으로 피신한다고 들었다. 더 머물고 싶은 마음과 떠나야 한다는 마음 사이에서 잠시 서성거린다.

섬의 산세가 피어나는 연꽃을 닮아서 부용동이라 이름 지었다. 주변의 산자락이 낙서재 터를 중심으로 빙 둘러 연꽃잎처럼 피었다. 연꽃은 다른 꽃의 아름다움과는 달리 수려함과 고결한 풍요로움을 지닌다. 세속을 초월한 선인의 경지에 이른 부처님의 넉넉하고 청정한 모습을 보여주는 꽃이라 한다.

정신의 여백을 품기에 더없이 좋은 곳이다. 잠시 윤선도와 마주앉아 대화를 나눈 듯한 기쁨을 가슴에 담으며, 보길도에서의 기억을 오래도록 간직하고 싶다.

열정

여름의 태양은 젊다. 햇살처럼 마음이 뜨거워 감동하는 사람은 부자다. 반면, 감동할 줄 모르는 사람은 영혼이 메말라 가난할 수밖에 없다. 나이와 상관없이 꿈을 꾸는 자야말로 세상에서 가장 뜨겁고 아름다운 청춘이다.

좋아하는 말 중에 '열정'이란 낱말이 있다. 어떤 일에 열렬한 애정을 가지고 열중하는 마음이라는 의미다. 노래방에 가서 부르는 애창곡의 하나가 혜은이의 열정이다. 잘 부르지는 못하지만, 열창하고 나면 가슴이 시원해진다.

많은 꽃 중에서도 꽃말이 열정인 도도하면서도 줄기에 가시가 박힌 빨간 장미꽃을 좋아한다. 이 글을 열정과 가장 어울리는 계절인 땡볕이 내리꽂히는 한여름에 쓴다. 여름의 바람에서는 열정의 냄새가 난다.

머리카락에도 세월의 눈이 조금씩 내릴 나이가 되니, 지난날을 여유로운 마음으로 바라보게 된다. 생활이 각박해도 마음속에 열정 하나쯤은 간직하며 살고 싶다. 노력만 하면 모든 것이 이루어 지리라 믿었던 젊은 시절에는 모든 일에 얼마나 열정을 가지고 임했던가.

평소에 책 읽는 것을 좋아해서 친구 집에 놀러 가면 책꽂이에 있는 책부터 살피는 버릇이 있다. 읽지 않은 책은 빌려다 읽었다. 누군가에게 보낸 편지, 엽서, 카드도 일기장에 보관하고 있다. 국어책에 있는 시는 거의 암송했다. 집안일을 하거나 산책을 하며 혼자 있을 때는 중얼중얼 읊조려 본다. 반복하다 보니 지금도 기억하고 있는 시가 많다.

농사일에 파묻혀 처음에는 무엇을 해야 하는지 자아를 잃어버리고 고인 물처럼 살았다. 그러나 들판에 가득한 달빛을 쓸어낼 수가 없듯이, 가슴에 가득 쌓인 독서와 글쓰기에 대한 열정도 몰아낼 길이 없다.

더운 여름에 시원하게 불어 주는 한줄기 산들바람의 고마움을, 추운 겨울에 포근히 비춰주는 햇볕의 고마움을, 목마른 대지에 촉촉이 내려주는 비의 고마움을, 많은 사람의 땀과 정성으로 사회가 유지되며 자연의 위대한 힘이 세상을 살아있게 만든다는 사실을 글로 표현하고 싶다.

지루하게 살다 죽기보다는 열정으로 뜨겁게 살다 죽고 싶다. 먼지가 되기보다는 차라리 재가 되겠다. 아무리 큰 나무도 땅속에서 싹을 틔울 때는 연약하기 그지없는 작은 씨앗에서 시작했다는 것을 상기해 본다. 남들보다 나은 삶을 살기 원한다면 남들보다 다른 열정과 노력이 있어야 한다. 세상에 태어난 이상 행복하게 살기 위해 노력하고 그러자면 하고 싶은 일을 해야 한다. 산을 옮기는 사람은 작은 돌멩이부터 옮겨야 한다. 문학을 향한 생각은 흐르는 물처럼 멈출 줄을 모른다.

사면이 책으로 둘러싸여 있는 책 냄새 그득한 방에서 언어를 캐다가 다듬고 토막 내서 고급스러운 요리를 만들고 싶다. 꿈꾸는 사람은 늙지 않는다. 살면서 가슴 벅차고 행복하고 눈물 나는 순간이 언제였던가. 책을 읽을 때는 책 제목과 지은이를 메모한다. 한두 달 쌓여서 일 년이면 몇 권을 읽었는지 기록된다. 무슨 책을 어느 해에 읽었는지도 알 수 있다. 다독했는데 지금은 정독을 하려한다. 글을 쓰면 마음이 침착해지며 정화되는 것을 느낀다.

모든 것을 알고 있기 때문에 글을 쓰는 것이 아니라 씀으로써 알게 된다. 책을 읽고 쓰는 행위가 슬픔을 공부하는 것이다. 가볍지만 날아가지 않고 신중하지만 무겁지 않은 글을 쓰려 한다. 누구든지 구하면 받고 찾으면 얻고 문을 두드리면 열릴 것이라는 성경 구절을 되씹는다.

어려서는 얼굴 예쁘다는 말을, 결혼하면서는 피부 좋다는 말을, 나이 들어가면서 몸매 좋다는 말을 듣고 싶다. 지금은 더 간절히 듣고 싶은 말은 글 잘 쓴다는 말이다.

중년의 나이에 이르렀다. 아직도 무엇인가를 이루기 위해서는 늦지 않다. 피곤한 눈을 비비며 읽던 책에 다시 빠져든다.

가파도의 하루

 드디어 대정읍이다. 어디론가 떠난다는 것은 가슴 설레는 일이다. 햇살은 조명처럼 눈부시다. 햇빛을 가려줄 챙 넓은 모자를 쓰고 청바지에 운동화 차림이다. 들판에는 꽃들이 지천으로 피어 꽃의 홍수 속에서 정신이 어지럽다. 집을 나서면 매화가 피고 목련이 고개를 들며, 개나리가 노랗게 웃고 벚꽃이 흩날린다. 유채꽃이 노란 물결을 이루고, 철쭉이 자줏빛 점을 찍는다. 아까시가 향기를 퍼뜨리고 라일락이 수줍게 몸을 내민다.
 구좌문학회에서 문학기행을 가는 날이다. 모슬포항으로 진입하니 가파도 가는 사람들이 승선권을 끊기 위해 줄을 서서 기다린다. 여수 엑스포에서 긴 줄을 서 보고는 오랜만이다. 잠깐이지만 일정을 바꿀까 생각했다. 회장이 회원들 신분증 챙겨서 혼자 줄 서겠단다. 회원은 방어 조형물이 세워져 있는 잔디밭에서 작은 잔치를 벌였다. 메인 요리 나오기까지 밑반찬이 맛있듯이 즐거운 시간을 가졌다. 회장이 한 시간을 기다린 후 표를 구입하고 합류했다. 사진을 찍기 좋은 날씨다. 모두의 얼굴이 활짝 피어난다.

가파도에선 청보리 축제가 한창이다. 청보리 화가인 이웅성의 '청보리의 꿈-잊힌 그리움 꽃으로 피다.'가 떠올랐다. 청보리의 향기와 아련한 어린 시절의 그리움을 초록으로 표현한다. 작가만이 가진 묘사 기법으로 관람객의 시선을 잡아끌었다. 이웅성 화백은 시리즈 작업을 현대적 감각으로 풀어내는 작품 활동을 해온 작가다.

오후 1시, 신분증을 제시하며 배에 올랐다. 바람 한 점 없이 파도가 온화하고 평화로운 날씨다. 고요히 엎드려 있는 바다는 잔잔한 물비늘이 일어 물빛이 곱다. 잔물결에 일렁이는 파도는 은빛으로 빛나며 멈추어 있는 듯 쉼 없이 꿈틀거린다. 십여 분 정도 거리였다.

섬으로 들어가니 '가파도'라고 쓰인 표지석이 우뚝 서서 어서 오라고 알은체한다. 2인용 자전거를 타고 다니는 젊은 연인의 모습에 한참을 부러워 쳐다봤다. 차가 보이지 않는 호젓한 섬이다. 길가에는 들꽃이 활짝 웃으며 여행객을 반긴다. 햇살이 살포시 내려앉아 있는 마당에, 성긴 망을 펼쳐놓고 짭조름한 미역을 말리는 집이 보인다.

마당에 앉아 있는 할머니와 대화를 했다. 이곳에 올 때 새댁이었는데 어느 날 보니 할머니가 되어 있더라는 말씀에 세월의 덧없음에 마음이 먹먹해서 발걸음을 옮기기가 무거웠다. 걸음을 내딛다 보니 아담한 초등학교가 보인다. 작은 운동장에 정원수가 야트막하게 서 있고 노란색과 주황색으로 채색된 꽃들이 햇볕을 받으며 소담스럽게 피어 우리에게 인사한다.

밭에는 청보리가 노란색으로 조금씩 물들어 가고 있다. 길가 돌담 옆으로 무더기무더기 돋아난 쑥이 보인다. 한 잎 뜯어 코에 대어 보니 쑥 향이 진하게 배어온다. 해풍을 먹고 자란 쑥이라 더 짙은 향기가 난다. 회원은 쑥을 뜯어 손에 가득 채운다. 오랜만에 느껴 보는 여유이다.

가파도의 청보리는 국토 최남단의 땅끝에서 전해오는 봄소식이다. 다른 지역보다 제주의 향토 품종으로 전국에서 가장 먼저 높고 푸르게 자라난다. 해마다 봄이면 청보리밭 위로 일렁이는 푸른 물결이 장관이다. 청보리는 보리 이삭이 나오기 시작하면서부터 누렇게 여물어 가는 '보리누름' 전까지의 푸른 빛 보리를 말한다. 푸름에 유통기한이 있는 게 못내 아쉽다. 그렇게 봄이 가고 여름이 오고 또 가을이 올 것이다. 가파도는 올레길 코스에 포함되어 올레길을 걷는 사람들도 볼 수 있다. 약 1시간 30분 코스라 부담 없다.

어느 시인이 '섬을 떠나야 섬이 보입니다.' 했던가. 멀리 산방산과 송악산 그리고 형제섬이 산등성이가 검은 너울로 길게 드러난다. 늘 보는 들꽃과 청보리지만 가파도에서 보는 풍경은 무엇이든 다 특별함이 있다. 달은 항상 그 모양 그대로인데 보는 장소와 사람의 감정에 따라 다르게 비친다. 봄기운에 묻혀서 방금 그린 수채화 같다. 밭에서 흙을 일구는 트랙터도 동화 속의 그림처럼 정겹게 보인다. 풀밭에 드러누운 것처럼 마음이 편하다.

보리밭을 지나니 돌담과 마당에 몽돌과 소라, 전복 빈껍데기로 장식한 집이 있다. 하나씩 정성스레 접착제로 붙였다. 아기자기하게 꾸며진 이런 집에서 사랑하는 가족과 행복하게 살고 싶다. 인간은 더 잘 살기 위해 자연을 개발하고 흙을 없애며 콘크리트를 바른다. 기계의 도움으로 편리한 것은 사실이다. 현시대에서 옛날식만 고집할 수는 없지만 조금은 느리게 변했으면 한다. 가파도는 느림의 미학이 있어 반갑다.

스마트폰으로 편지가 사라지고 노래방기기로 노래 가사를 다 기억하지 못한다. 연필로 글을 쓰는 사람이 몇이나 될까. 셈은 계산기가 해서 간단한 숫자도 머리로 하기 힘들다. 먼 훗날 인간의 뇌가 파충류의 뇌와 같아질 거라고 우려한다. 서글픈 일이다. 봄이면 황사가 생기고 보슬비는 폭우가 되어 떨어진다. 초록별 지구가 몸살을 앓고 있다.

시간이 지나는 것도 모를 정도로 빠르게 지난다. 예약된 시간보다 두 시간 늦게 식당으로 들어갔다. 배편이 늦어진 탓도 있지만,

미리 간식을 먹어서 배가 고프지 않아서이다. 회장과 친분이 있는 주인이라 환대해 주었다. 성게미역국에 소라물회가 나오고 바다에서 캐낸 재료로 차린 식탁이다. 다 맛보려니 밥은 손도 대지 못했다.

자판기 커피를 뽑아 빈 보온병에 가득 채우고 길을 나섰다. 모퉁이를 돌아오는 곳에 정자가 있어 잠시 쉬었다. 부드러운 잔물결과 햇살에 반사된 잔잔한 수면이 천천히 모습을 드러낸다. 스치기만 해도 금세 새파랗게 물드는 듯하다. 바다에 작은 섬 하나가 떠 있고 섬 옆으로 작은 섬이 떠오른다. 하얀 바다 위에서 춤을 추듯 풍경이 출렁거린다. 휴대전화가 진동으로 울릴 때 파도도 같이 몸을 부르르 떤다. 분위기 있는 찻집에서 마시는 커피보다 바다에 떠다니는 조각배를 보며 은빛 물결이 반짝이니 더 운치 있고 맛있다.

다시 섬에서 섬으로 돌아가야 할 시간이다. 고운 풍경을 마음속에 다 간직하지는 못하지만, 멋진 풍경이 있고 같은 생각을 하는 회원과 하루를 보내니 행복했다. 보리밭 옆의 허수아비도 다음에 오라고 눈을 찡긋하며 인사한다. 허수아비 실루엣이 썰물처럼 아스라이 사라진다. 가파도에 언제 올지 모르지만 좋은 사람들과 다시 오고 싶다. 이 느낌이 다음에 왔을 때도 지금과 같이 남아 있다면 얼마나 좋을까.

이웅성 화백의 청보리는 초록으로 피어난다. 나의 청보리는 어떤 수필로 곱게 승화할까. "섬을 떠나야 섬이 보입니다."는 말이 실감 나는 하루였다.

5부

아침 풀잎의 이슬같이 반짝이는 회상이 있다. 풀내음이 물씬 풍겨오는 풀꽃들이 함초롬히 피어나서 바라보라고 속삭인다.

하루 동안의 기쁨

 아침 풀잎의 이슬같이 반짝이는 회상이 있다. 풀내음이 물씬 풍겨오는 풀꽃들이 함초롬히 피어나서 바라보라고 속삭인다. 나비들은 꽃에서 꽃으로 분주하게 날갯짓하는 생동감이 느껴진다. 햇살도 즐겁게 율동한다.
 십여 년 전 막내가 네 살 때다. 오늘이 무슨 요일인가 궁금하여 큰아이에게 물어보니 모른다고 했다. 마침 옆에 있던 아이가 "수요일."이라고 하는 게 아닌가. 볼이 과일의 향기라도 풍길 듯이 싱싱하다. "응, 수요일?" 달력을 보니 맞다. 어린이집에서 많은 것을 가르쳐서 똑똑해졌나 싶어 감탄했다.
 큰아들이 중학교 다닐 때 막내를 가졌다. 터울이 많이 난 이유는 더 늦기 전에 딸을 갖고 싶은 바람에서다. 마음을 바꾸게 한 결정적인 계기가 생겼다. 동서가 아들 낳고 연년생으로 딸을 낳았다. 머리숱도 많고 어여쁘게만 보여서 부러웠다. 남편도 같은 마음이라 아이를 갖기로 의견의 일치를 보았다.

입덧을 심하게 했다. 방문을 열면 부엌의 퀴퀴한 냄새에 힘들었다. 김치 냄새·도마 냄새·비누 냄새 하다못해 물 냄새까지 나서 아무것도 먹지 못하고 눕기만 했다. 앉았다 일어났을 때 빈혈이 있어 걸어 다닐 수가 없다. 화장실에 들어가면 구토하기에 세수도 못 했다. 아이들이 계란 프라이하면 그 냄새가 어찌나 싫은지 당장 문 열라고 난리가 아니었다. 사람 특유의 냄새가 역겨워 그때 영향으로 지금까지 괴로운 적이 많다.

입덧이 어떻게 별스러운지 위의 두 아들도 했지만 이 정도는 아니다. 딸이어서 독하게 하는 것으로 생각했다. 간절히 원하다 보니 과일, 조개, 전복, 꽃이 꿈에 보인다. 분명 딸인가 보다. 그러면 얼마나 좋을까.

태교를 위해 좋은 생각과 선한 행동을 하려 노력했다. 산모가 봐야 할 책을 도서관에서 빌려와 읽고 보건소에서 소개하는 교육도 받았다. 힘든 과정을 겪었는데 아들이다. 신은 인간에게 모든 것을 다 주지 않는다. 시도했기에 후회는 없다. 자식을 평범하게 키운다고 생각했는데 마음이 손바닥 뒤집듯이 순식간에 변한다.

어깨에 힘이 들어가고 고개가 꼿꼿이 섰다. 천재를 낳았다고 종일 콧노래를 흥얼거렸다. 요일을 알다니 크면 얼마나 더 똑똑해질까 가슴이 띈다. 내 몸은 천리향 같은 향기를 내뿜는다. 발 닿는 곳마다 뜨거운 기운이 출렁인다. 어떤 사람이 될까 궁금하여 가슴이 뛴다. 해수욕장의 모래 알갱이보다 더 많은 흥분이 몰려온다. 붉은 혈관이 요동쳐서 가만히 있을 수 없어 정신의 배낭을 둘러맸다.

환상 여행을 떠난다. 나라를 구한 이순신, 목민심서 정약용, 아니면 별 헤는 밤 윤동주, 황소 그림 이중섭, 에디슨 같은 과학자, 노벨상의 주인공. 떠오르는 위인은 밤하늘의 별처럼 끝이 없다.

천재 아들을 둔 엄마는 어떻게 행동해야 하나. 교양 있게 나긋나긋 얘기하고 걸음걸이도 바꿔어야지. 영어 공부를 할지 그림 공부, 몸매를 가꾸기 위해 수영도 좋겠지. 그 많은 취재의 질문은 어떻게 소화해 낼까. 상상의 나래를 펼치다 보니 하루의 번잡을 잠재우는 땅거미가 내리기 시작하고 어둠 속에 마을은 잠들어 간다.

다음날 전율에 가까운 행복감이 거대한 파도처럼 밀려왔다. 그저 바라보고만 있어도 웃음이 난다. 이런 마음을 아는지 모르는지 아들은 천진난만하다. 잔뜩 기대하며 요일을 물어보니 "수요일." 한다. 이게 아닌데 순간 착각을 했을 거야. 재차 확인해도 대답은 같다. 나도 모르게 털썩 주저앉았다. 또 물어볼까 하다 그만둔다. 하루가 지났는데 여전히 같은 대답이다. 아아, 얘는 수요일밖에 모르는구나. 풍선에서 공기가 빠지듯이 '픽' 소리를 내며 허전하게 비어온다. 붕 떴던 마음이 제자리로 돌아오지 못하고 방황하며 팔랑거린다. 몸은 물먹은 백설기가 되어 허물어진다. 얼굴이 화끈거리고 눈은 뽀얗게 안개가 깔렸다. 검붉은 입술을 앙다문 채 진한 액체를 훔쳐냈다. 흐트러진 모습을 보여주지 않으려고 흐느적거렸다. 잔잔한 바다에 돌멩이를 던지면 파장을 일으키듯이 마음속에도 너울이 출렁인다. 내 멋에 취해 살았다. 아무 데나 퍼질러 앉아 흐르는 물줄기를 바라본다. 언제면 나도 저 눈처럼 녹아 물이 되어 흐를 것인가.

일상을 조심스럽게 조립한다. 행주치마를 두를 시간이다. 평범운운했던 마음은 어디로 가버렸나. 평정심을 찾기 위해 며칠을 가슴앓이해야 할까. 그때를 회상하며 압력솥에서 나오는 증기처럼 피식거린다. 아들이 천재가 아니라니.

우리나라 사람은 교육열이 대단하다. 학교 공부에 만족하지 못하고 몇 군데 학원을 보낸다. 무리한다 싶어도 방학이면 해외연수도 마다하지 않는다. 한창 성장하는 시기에 공부에만 몰두하기를 바란다. 자식이 천재라고 착각하며 산다. 그 나이에 감동할 수 있는 여러 가지 일을 느껴보지 못하는 현실이 안타깝다. 자식에게 부담 주지 않으려 애쓴다. 아이의 특성을 생각하고 잘할 수 있는 것을 찾아주고 싶다.

초등학교에 입학했을 때다. 학년이 올라갈수록 집안일을 많이 가르쳤다. 고학년 때에는 운동화 세탁까지 시켰다. 방학 때는 다니던 학원도 중단하고 시간에 얽매이지 말고 실컷 놀라고 했다.

학창 시절에는 잘 노는 것도 중요하다고 생각한다. 공부도 잘하면 금상첨화다. 평범한 아이를 닦달하며 키우고 싶지 않다. 밖에서 흙장난해도 옷이 더러워진다고 말리지 않고 마음껏 자연과 더불어 즐기라 했다. 집안에만 가둬놓지 않으며 밖에 나가 세상을 보고 느껴보길 바랐다.

나의 학창 시절에는 공부가 우선시되었다. 다른 것을 잘해도 공부를 못하면 빛을 보지 못했다. 그러나 요즘은 학교에서 특성을 살릴 수 있는 프로그램이 많다. 방과 후 교육으로 스포츠, 난타, 악기연주가 있어 적성에 맞는 것을 선택할 수 있다. 교실에서 공부만 하는 게 아니라 견학을 하러 가고 오름도 자주 다닌다. 많은 것을 보고 느끼게 하는 초등학교 교실은 호텔로 꾸며 놓았다. 아기자기하게 개인 식물도 기르며 아이의 심성을 곱게 키워준다.

고등학생보다 중학생이 무섭다. 아들은 그 무시무시하다는 중학교 2학년이 됐지만 평범하게 자라고 있다. 아이돌을 좋아하며 스마트폰을 끼고 산다. 밖에 나가서 운동하는 것도 즐긴다. 식성도 좋아 아무 반찬이나 잘 먹는다. 사춘기라 외모에 관심이 많아 초등학교 때는 바르지 않던 스킨과 로션을 꼼꼼히 바른다.

훌륭한 사람이 되는 것보다 행복한 사람이 됐으면 좋겠다. 거목도 처음에는 연약한 풀잎이다. 자연의 풍부한 혜택을 받고 온갖 어려움을 이겨내며 성장해 간다. 하찮은 것은 없다.

열무김치를 담그며

어느새 여름이다. 계절은 우리에게 묻지도 않고, 눈치 보지도 않는다. 그저 때가 되면 무작정 다가온다. 반기기도 전에 눈앞에 와 있는 여름이 와락 껴안는다. 넓고 탁 트인 마당에는 어느새 눈부신 햇살이 가득하다. 신록이 내뿜는 초록빛 열기가 상큼한 날이다. 연두색 상념 하나 널어 말린다. 사월의 연두가 없으면 유월의 초록도 존재할 수 없다. 유월의 녹음에 배어 있는 찔레꽃 향기를 좋아한다. 햇살에 반짝이는 잎사귀들이 사방으로 흔들리고, 바람결에 실려 온 흙 내음은 더위를 잊게 한다.

누군가에게 상큼한 향기를 뿌려본 적이 있는가. 마당 한쪽에 피어나는 백합이 장미꽃에 이어 여름의 뜰을 가꾼다. 백합 향이 은은하게 퍼진다.

여름은 열무김치를 담그면서 시작된다. 손님을 맞이하려면 미리 집 안 청소하고 음식을 정성스레 마련하듯이, 여름을 준비한다. 계절과 관계없이 먹는 국수지만 더운 날에 새콤한 열무김치와 곁

들여 먹으면 맛있다. 보약 못지않은 삶의 활력소가 되어 마음마저 개운해진다.

오일장에 가면 사람 사는 냄새가 난다. 많은 사람이 붐비고 언제나 활기차고 생동감이 넘친다. 열무를 사야 한다. 어느 게 싱싱하고 좋은지 한 바퀴 둘러보며 살핀다. 열무를 사고 얼갈이배추와 양념에 넣을 파프리카, 홍고추와 미나리, 쪽파를 산다. 김치를 담그려면 시간이 오래 걸리고 번거롭다. 하지만 식구의 입맛에 맞추기 위해서는 이런 수고로움을 감수해야 한다.

과일 파는 곳을 지난다. 오일장에도 성큼 여름이 다가왔다. 수박·참외·토마토·매실이 손님에게 선택되기를 기다리며 새초롬히 앉았다. 이것저것 사고 싶지만 짐이 힘에 부칠 것 같다. 하지만 탐스러운 매실 한 망까지 사고 말았다. 장을 본 물건이 많아지니 힘들지만 매실청을 만들 생각에 어깨 아픈 게 대수랴 싶다.

내가 만든 매실청은 맛나기로 소문이 났을 정도다. 만드는 방법은 매실을 깨끗이 씻어 체에 밭쳐 물기를 빼고 꼭지를 따낸다. 유리병에 설탕과 매실을 켜켜이 넣어 며칠에 한 번씩은 반드시 저어줘야 하는데 여기서 성패 여부가 갈린다. 매실청은 음식을 만들 때 요긴하게 쓰인다. 더운 날에는 얼음을 동동 띄워 마시면 피로해소에도 그만이어서 해마다 담그고 있다.

집으로 돌아오는 길에 차창 밖을 보니 새파랗던 보리가 어느새 황금 들녘으로 변하고 있다. 아직은 아니라고 우기고 싶지만 내 모습도 저렇게 변해갈 것이다. 알찬 알곡을 맺는 보리처럼 여물고 싶다.

열무 뿌리를 잘 다듬어 깨끗이 씻고 소금에 절인다. 여기저기 삐쳐나가던 이파리와 줄기도 소금과 만나면서 얌전해질 것이다. 열무가 절여지는 동안에 양념에 넣을 양파와 마늘을 깐다. 밤새 물에 담가서 불렸는데도, 많은 양의 마늘을 까다 보니 맵싸한 눈물이 나고 손톱까지 아려온다. 마늘을 많이 넣으려고 욕심을 낸 탓이다.

비단 마늘만의 일이 아니고 '사람의 관계도 이와 같지 않을까.' 하는 생각이 들어 까던 마늘을 멈췄다. 채소를 썬다. 도마에 올려놓고 칼질하는데 싱싱한 리듬을 타서인지 소리가 경쾌하다.

멸치육수에 찹쌀풀을 만들고 새우젓과 홍고추를 갈아 넣는다. 싱싱한 채소들도 같이 들어가고 싶다고 아우성친다. 큰 양푼에 열무와 양념을 넣고 살살 버무린다. 서로 부딪히게 마구 버무리면 상처가 나서 풋내 나기 때문이다. 국물 약간 있게 김치통에 가지런히 담는다. 하루 숙성시켜 뒀다가 김치냉장고에 넣으면 저들끼리 어우러져 맛있는 열무김치로 숙성되어 갈 것이다. 열무김치를 담그다 보니 떠오르는 시가 있다.

문득 아름다운 것과 마주쳤을 때
지금 곁에 있으면 얼마나 좋을까 하고
떠오르는 얼굴이 있다면 그대는
사랑하고 있는 것이다.

그윽한 풍경이나
제대로 맛을 낸 음식 앞에서
아무도 생각하지 않는 사람
그 사람은 정말 강하거나
아니면 진짜 외로운 사람이다.

종소리를 더 멀리 내보내기 위하여
종은 더 아파야 한다.

— 이문재 「농담」 전문

종소리는 종이 아파야 내는 것처럼 열무김치는 꽉 닫힌 김치통 속에서 자신을 익힌다. 삶이란 열무처럼 깊은 상처도 내지 않으면서 기다림을 배우는 게 아닐까. 어려운 고비가 있어도 지금 아픈 것은 성숙해지기 위함이다. 공기에 형체가 없다. 이 세상에서 정말 중요한 것은 보이지 않는다. 내버리고 싶어도 내버릴 수가 없고 떨칠 수도 감출 수도 없다.

  종일 김치를 담그다 보니 고즈넉한 저녁나절이다. 옥수수 알같이 촘촘한 별 무리가 하늘에 뜬다. 열무김치 냄새가 싱그럽다. 저 김치는 익어가면서 점점 더 깊은 맛을 낼 것이다. 김치가 익어가듯이 내 영혼도 곱게 익어갔으면 좋겠다. 영혼이 잘 숙성되어 가고 있나 매무새를 가다듬곤 한다. 나는 저 열무김치처럼 익어서 맛이 들고 있을까.

  땡볕이 묶음으로 내리꽂히는 한여름, 국수를 새콤달콤한 열무김치에 곁들여 먹으면 그보다 더 큰 행복은 없다. 담는 과정은 힘들지만, 먹을 사람을 생각하면 온갖 수고로움이 눈 녹듯 사라진다.

  하늘에 총총 떠 있는 별 무리가 찡끗 눈웃음을 보낸다. 나도 모르게 웃음 한 모금 머금는다.

나마스떼Namaste

나마스떼는 인도와 네팔에서 주고받는 인사말이다. 만났을 때와 작별할 때도 사용한다. 인사할 때는 합장을 하고 "당신 안에 있는 신에게 경의를 표한다."는 뜻이다. 인도하면 갠지스강과 큰 눈망울을 가진 까만 피부의 사람들이 떠오른다. 그리고 요가와 명상이다. 육체와 정신의 건강을 명상과 호흡 스트레칭을 결합한 심신 수련 방법이 요가다.

요가를 체계적으로 오래 할 수 있는 것은 웃음이 예쁜 언니의 봉사 덕분이다. 날짜가 되면 문자를 보내고 갖은 심부름을 한다. 회원의 단합된 힘과 열정도 한몫했다. 동작이 된다고 떡을 해오고 여행 다녀왔다며 선물 보따리를 풀어놓는다. 둥그렇게 둘러앉아서 두루마리 화장지처럼 숱한 사연을 쏟아낸다. 말은 줄에 걸린 빨래처럼 마음의 바람에 펄럭인다. 인원이 부족하면 운영이 어려운데 꾸준히 나오는 회원이 많아 수업은 늘 활기찼다.

피곤해도 빠지지 않으려 집안일은 잠시 미루고 부랴사랴 집을 나선다. 그저 얻어지는 것은 없다. 요가하기 전에는 몸이 뻣뻣했는데 많이 유연해졌다. 과정은 힘들지만, 해냈다는 생각에 보람을 느낀다.

반가부좌로 앉았다. 두 손을 다리에 올려놓고 엄지와 검지를 가볍게 붙인다. 허리를 꼿꼿이 세우고 턱은 살짝 내리고 눈을 살포시 감는다. 숨을 들이마실 때는 배가 나오고, 내쉴 때는 배를 넣으면서 배꼽을 등 뒤로 보냈다. 요가에 열중하고 있는 십여 명이 호흡하는 일에만 집중한다. 정신을 다른 일에 빼앗기면 호흡이 흐트러진다. 몸에 충분한 산소를 공급하며 노폐물과 지방을 제거해 주는 효과가 있다. 복식호흡이 쉬우면서도 어렵다.

처음 할 때는 호흡하는 것도 힘들었다. 평소에 하던 습관과는 반대로 해야 하기 때문이다. 명상도 같이하니 짧은 순간에 무수한 잡념이 생긴다. 하늘에 떠다니는 구름이 생겼다가 사라지듯 한다. 정신을 집중하는 일이 말처럼 쉽지 않다. 생각하는 로댕도 잡념이 떠올라 그리 고뇌하는가.

명상은 '비우기'이다. 정신을 한 곳에만 집중한다. 마음은 몸을 이끈다. 결국 몸과 마음은 연결되었다. 명상을 중심으로 정적인 동작을 하게 된다. 깊은 호흡을 하며 심신의 안정을 준다. 스트레스나 긴장감을 없애고 피로도 감소시켜 준다. 기쁨·즐거움·근심·걱정은 마음에서 생긴다. 본래 텅 빈 것인데 이런저런 생각이 얼룩지면 그것이 작용하여 감정으로 나타난다. 주인이 되어야 생각이 정돈되고 근심이 사라진다.

감정은 마음대로 조절할 수 없지만, 몸은 움직일 수 있다. 생각을 멈추고 대신 몸을 움직인다. 마음을 어찌지 못한다면 마음과 연결된 몸을 이용하는 것이다. 가만히 있으면 아무 일도 일어나지 않는다. 육체를 먼저 단련하고 기가 충만하도록 수련했을 때 자동으로 활기차게 바뀐다. 육체는 그 사람의 마음을 표현하게 된다. 몸을 보면 그 사람이 어떤지 알 수 있다. 수련에 영향을 미치는 것도 있지만, 그보다 더 중요한 건 매트 위에선 '마음가짐'이다.

여러 동작 가운데 물구나무서기가 좋다. 양손을 깍지 끼고 손과 팔꿈치로 삼각형을 만든다. 그 손의 가운데에 정수리를 붙이고 발을 들어 올리고 배와 발끝에 힘을 준다. 거꾸로 한 자세라 직립 생활에서 오는 이상을 해소시키고 뇌의 피로 해소에 좋다. 시야가 평소와 다르다. 시야가 다르니 사고도 바뀐다. 싫어하던 일이나 물건도 좋게 보인다. 철썩같이 믿었던 일이 그렇지 않을 수도 있다는 생각이 든다.

어렸을 때의 생각은 나이가 들면서 바뀐다. 중년이 되어도 고정관념으로 뇌리에 박힌 게 있다. 조금만 생각을 바꾸면 마음이 편하다. 천당과 지옥은 생각하기 나름이다. 스스로 지옥을 만들어 그 속에서 허우적거렸다. 매사에 늘 긍정적으로 생각하려 애쓰지만 쉽지 않다. 내 마음인데도 하나가 아니라 여러 개인 것도 같다. 자기 마음대로 안 된다. 알쏭달쏭하기만 하다.

치열한 경쟁을 하며 잠시도 쉬지 않는 시계추와 같이 바쁘게 살아간다. 몸과 마음의 불균형으로 인해 질병이 생기며 고생할 수 있다. 수련할수록 고요한 호수의 수면같이 편안해지고 긍정적인 힘이 생긴다. 가뿐해지고 근육이 완화되는 매력이 있다. 꾸준히 하다 보니 유연해지고 안 됐던 동작은 몸이 기억하고 있다가 어느 순간 조금씩 반응했다. 육체만이 아니라 정신도 자각하며 참된 자신을 만날 수 있도록 돕는다. 인생의 주인은 자기 자신이다. 노력하는 고통도 성취의 기쁨도 그 사람의 것이다.

나이가 들수록 좋은 점은 무엇을 좋아하는지 어떤 것을 할 때 행복한지 알 수 있다. 젊었을 땐 그럴 시간과 여유가 없었다. 이렇게 느낄 수 있는 시간이 소중하다. 감정은 더 풍부해짐을 느낀다. 일상생활에서 힘들었던 일이나 마음의 상처를 잊고 치유할 수 있다. 소소한 삶의 재미가 생기는 요가를 할 수 있어 행복하다. 인생에서 지나면 다시 돌아오지 않는 순간을 마지막처럼 뜨겁게 살아야겠다. 아름다움의 '아름'은 '앓음'이 아닐까. 앓지 않는 아름다움은 없다고 한다.

요염한 뒤태를 만들기 위한 운동이 아니다. 수련하며 몸·마음·

영혼의 때를 닦아내는 일이다. 어릴 때부터 할수록 좋다. 몸이 덜 굳어 있기 때문에 동작을 쉽게 따라 했다. 하지만 나이가 많을수록 꼭 해야 하는 운동이다.

나래를 펴듯, 나래를 접듯 일어서고 엎드리는 동작을 반복한다. 신중하게 요가하는 모습이 아름다울 수가 없다. 요가 매트 위에 온 우주가 담겼다. 요가를 통해 비우는 연습한다. 어느 날 나를 온전히 비웠을 때 요가는 완성될 것이다.

피곤해도 빠지지 않으려 노력했다. 서둘러 집을 나선다. 그저 얻어지는 것은 없다. 과정은 힘들지만, 해냈다는 뿌듯함에 보람을 느낀다.

마무리할 시간이다. 회원이 두 손을 모아 합장한다. "나마스떼." 집으로 돌아올 때는 개운해서 마음마저 가볍다. 오는 길은 애애하게 달빛 어린 밤이다. 창밖으로 사위어 가는 불빛은 어둠 속으로 녹아 들어가고 있다. 거리는 졸음이 온 듯 희미하다.

마음속에 평화가 가득 자리 잡는다.

웃음의 미학

세수하고 거울을 본다. 무심히 보던 얼굴을 꼼꼼히 볼 때가 있다. 화장하며 소리가 나게 두드려도 본다. 외면의 아름다움을 위한 일상이다. 많은 날 중에 내면을 가꾸기 위해 하는 일은 몇 날이나 될까. 하루를 시작할 때 미소 지으려 한다. 사람은 웃을 때 가장 아름답다.

몇 년 전, 구좌읍사무소에서 "여성 농민이 웃는 세상 지꺼지게 웃어보게 마씸." 주제로 여성 농민 교실을 열었다. 웃음을 통해 마음을 즐겁게 해주고 몸이 건강하도록 돕는다. 불안과 우울한 감정이 생겼을 때 긍정적으로 바꿔준다.

웃음은 만병통치약이라고 말한다. 팔십 년 살며 여자가 웃는 시간이 남자보다 이 년이 많다고 했다. 많이 웃어서 여자가 더 오래 사는 걸까. 술과 담배를 멀리하고 수다가 많다 보니 쌓인 것을 풀어서일 수도 있다.

온몸을 움직여 웃으면 근육이 수축과 이완으로 피로를 풀어줘서 건강해진다. 인생에서 가장 의미 없이 보낸 날은 웃지 않고 보낸 날이란다. 오늘 많이 웃었나. 웃는 얼굴에 침 뱉지 못한다. 매일 행복하도록 자신과 주위의 모든 이들과 웃음을 지으면 좋겠다.

누가 화나게 했을 때는 물이 최고라 빨리 식혀야 건강에 좋다. 도둑이 집에 불을 질렀으면 도둑을 잡기보다 불을 꺼야 한다. 바쁜 현대를 살지만, 여유를 가져야 한다. 불 끌 동안은 기다려야 된다. 몸을 치료하는 건 자신이다. 편한 마음을 지니고 입가에 미소를 띠면 건강해진다.

유머가 생각난다. '세상에서 가장 빠른 새는 눈 깜짝할 새.'이고 '세상에서 가장 아름다운 새는 날새.'이다. "인간은 웃음이라는 능력을 가졌기에 다른 동물과 구별된다."고 말했다. 힘들 때 참는 건 이류, 힘들 때 웃는 건 일류라고 했다. 재산이 많아도 세상에서 가장 가난한 사람은 미소가 없는 사람이다. 웃음이 없는 날은 낭비한 하루다.

학창 시절에 항상 싱글벙글 입꼬리를 올리고 다녔다. 뒹구는 낙엽만 봐도 재잘거리는 참새같이 많이 웃었다. 우스갯소리와 몸짓을 잘해서 선생님이 내 이름을 부르면 친구들은 얼굴을 떠올리며 손바닥으로 책상을 치며 웃었다. 오락 시간에는 앞에 나가서 많은 웃음을 주었다. 소풍 가서 이수일과 심순애에서는 김중배 역을 하고, 춘향전에는 변사또 역할을 친구들이 시켜서 곧잘 했다. 웃음도 시간과 장소가 바뀌면 변한다.

　사람은 나이가 많아질수록 웃는 횟수가 줄어든다. 웃을 일이 없어서 그런지 웃으면 큰일 날 줄 아는지 아리송하다. 실없이 웃는 것도 이상하지만 굳은 표정으로 인상 쓰며 다니는 것도 불편하다. 얼굴에 모나리자의 미소를 띠어보자.

　사람을 웃겨야 하는 직업인 개그맨이 있다. 외국에서는 개그맨이 덜 웃겨도 호탕하게 웃는데 우리나라 사람은 어디 얼마나 웃기나 보자 작정하고 웬만해서는 웃지 않는다.

　'얼굴'이란 뜻을 풀어본다. 정신과 영혼이라는 뜻의 '얼'과 통로라는 뜻의 '굴' 자가 합쳐 만들어졌다. 내 얼굴은 거울에 의지하지 않으면 볼 수 없고 남이 본다. 영혼이 통하는 길이라는 내적인 성향이 많이 반영되는 곳이다. 누가 물어보지 않아도 표정으로 마음을 알 수 있다. 사십 대가 되면 한 사람이 살아온 흔적이 그곳에 고스란히 남는다. 온갖 고생을 다해 힘들게 살아도 따뜻한 삶을 살았다면 녹아있는 모습은 아름답다.

　심리학 박사는 웃음이 질병 치료에 영향을 미치며 장수하는 데 중요하다고 강조했다. 또한 감정적인 눈물 속에는 신체가 내보내야 하는 유해 물질이 있어 때로는 우는 것도 필요하다고 말한다.

　저녁에 세수하고 또 거울을 본다. 하루의 무게가 얼굴에 드리워졌다. 오늘도 고생 많았다며 스스로를 토닥이니, 그늘진 마음 사이로 웃음 한 줄기가 스며든다. 맞아, 너는 웃을 때가 가장 예쁘다.

물 전쟁

일어나서 물 한 잔을 마신다. 공복에 먹는 한두 잔의 물이 보약이라니 먹다 보니 습관이 됐다. 노폐물을 씻어주고 장의 활성을 촉진한다니 어찌 먹지 않을 수 있으랴. 태어나고 자라서 죽음에 이르는 일생의 과정은 몸에서 물을 잃어가는 과정이다.

산천초목이 말랐다. 여러 날 비가 오지 않아 가뭄이 심하다. 생명 있는 모든 것이 저절로 생기는 것 같지만, 그렇지 않다. 작물에 새싹이 돋아 나오려면 햇빛·물·바람이 필요하다. 농사가 기계화되었고 관리를 잘해도 하늘이 도와야 한다.

동쪽 사람이 앉았던 자리에는 풀이 나오지 않는다고 했다. 척박한 땅에서 소득이 적다 보니 생활고에 시달렸다. 순하던 사람도 환경에 따라 자연스럽게 변한다. 서쪽보다 같은 평수의 농사를 지어도 수확이 적다. 수확이 같아지려면 비료는 두 배로 살포하고, 잡초가 많으면 영양분을 빼앗겨 작물에 피해가 있어 더 부지런히 뽑아야 한다. 억척스러울 수밖에 없다.

농작물은 봄에 씨를 뿌리고 가을에 수확한다고 사람들은 생각한다. 대부분 그렇지만 작물의 파종 시기는 저마다 다르다. 당근은 한여름에 파종해서 겨울에 거두고, 콩은 초여름에 파종하고 가을에 거둔다.

당근 파종을 하고 비를 애타게 기다렸지만, 하늘은 무심하게 외면해 버렸다. 생태계가 파괴되다 보니 기후가 변하여 폭우 아니면 가뭄이 심하다. 촉촉이 자주 내리는 비는 점점 보기가 어렵다. 수천 갈래로 쏟아지는 햇살이 빗방울이 되어 목이 탄 밭에 흙을 적시면 얼마나 좋을까. 밭마다 스프링클러를 설치해서 물을 뿌려도 여럿이 한꺼번에 쓰니 물줄기가 약하다. 할 수 없이 차에 있는 농사용 물통에 받아서 밭에 뿌려야 한다.

물 전쟁이 시작됐다. 이른 저녁에 남편과 서둘러 트럭에 물통 두 개를 싣고 집을 나섰다. 한낮에는 너나없이 농업용수에서 물을 받으니 오래 기다려야 한다. 저녁 시간은 사람들이 줄어서 경쟁이 심하지 않다. 그리고 밤이 되면 사람이 거의 없어 그 시간을 이용한다. 우선 물이 필요한 밭에 갈증을 덜어주기 위함이다.

농업용수 있는 곳으로 가서 물통에 물을 가득 채웠다. 밭에는 준비된 물백이 세워졌다. 한두 명이 수영할 수 있는 크기의 동그란 모양이다. 그곳에 물을 가랑가랑 넘치도록 채운다. 스프링클러에서 뿜어져 나오는 물보라가 불볕에 달구어진 밭을 식혀준다.

물줄기가 어찌할 줄 몰라 환희에 춤을 춘다. 목마른 땅에 더운 열기가 훅 끼쳐오니 평온을 훔쳐보는 여유가 생겼다.

남편은 물을 계속 실어 날랐다. 나는 물백에 물이 없어지면 발전기 작동을 껐다. 사방이 환했는데 차츰 시간이 지나며 어스름은 농도 진한 어둠으로 바뀌고 있다. 상현달이 머리 위에 모습을 드러내니 물백에 윤슬이 반짝인다. 사방은 무채색으로 가라앉은 풍경이 고즈넉하다. 시간을 음미해 볼 수 있는 아이러니한 즐거움이 있을 줄이야.

어둠 저 멀리 별이 하나둘씩 밤하늘을 수놓는다. 크고 작은 별들은 금세 쏟아져 내릴 것처럼 손에 잡힐 듯 가깝다. 저마다 다채롭고 풍성한 빛으로 반짝거린다. 가슴 깊은 곳으로부터 이유 모를 경이로움에 휩싸인다. 어떤 꽃밭도 더 아름다울 수 없다. 다이아몬드라 해도 이처럼 찬란하게 빛날 수 없으리라. 사방에 먹물이 스며들었다. 그래도 달빛 교교한 밤이라 캄캄하지 않다.

사물이 어슴푸레 보인다. 멀리 바다에는 고기잡이배만 불빛으로 자신을 표현하고 있다. 달을 쳐다본 지가 언제였나. 예전에 무수히 쏟아지던 별은 다 어디로 갔을까. 계면조로 느릿느릿 얼마의 시간이 지나니 상현달이 지쳤는지 서쪽으로 삐딱하게 기운다. 심심한 개구쟁이처럼 어디로 숨어 버렸다. 이 시각에 숨바꼭질하자는 것인가. 저만치 바람이 불어와서 같이 있어 준다.

한낮에는 매미가 목청껏 소리를 내었다. 밤이 되니 낮에는 숨죽이던 풀벌레가 제 세상이라는 듯 기지개를 켜고 가을맞이 연주를 시작한다. 밤하늘을 수놓은 별들의 속삭임과 하모니를 이룬다. 달밤에 풀벌레 소리가 좋다. 누가 시키지 않아도 쉬지 않고 묵묵히 제 몫의 역할을 하는 자연의 오묘한 흐름에 감탄할 뿐이다.
 물 길러 열 번 정도 다녀 자정이 지나고 있다. 달님도 목이 말라 물 마시러 간 시각이다. 오늘, 견우와 직녀가 오작교에서 만나는 칠월칠석이다. 하루 전날 내리는 비는 견우와 직녀가 흘리는 기쁨의 눈물이고 다음날 비는 슬픔의 눈물이라고 한다. 그 힘을 빌려서 밤사이 소나기라도 시원하게 내려 가뭄이 해갈되었으면 하는 간절한 바람이다.
 남편은 견우가 되고 나는 직녀가 된다. 우리 부부는 오작교에서 만났다. 견우와 직녀는 아직 만나지 못해서 비가 내리지 않았다. 까마귀와 까치가 더위에 지쳐서 다리를 놓아주지 않았는지 모른다.
 평소에는 소중하게 느끼지 못한 것이지만, 생명이 존속하려면 꼭 필요한 것이 물이다. 거기에 기대어 살아가는 인간의 처절한 모습을 본다. 감정을 조율하며 여유로운 삶을 살고 싶다. 달이 스스로 둥글게 가득 차야 만월이 되듯이, 이제 새싹도 물을 맛있게 먹고 당근밭에 힘차게 얼굴을 내밀게 되기를 기대해 본다.

물 전쟁에서 나는 승전고를 울린다. 땅에서 빠끔 얼굴을 내민 당근 싹이 희망처럼 솟아오르니 바람의 술렁임도 잠잠해졌다. 저 멀리 바다에는 고기잡이배가 불빛으로 자신을 색칠하며 여름밤은 깊어간다.

빨간불

 부부 동반 외출이다. 초등학교 동창 모임이 있어 서둘러 가야 한다. 남편은 친구를 만날 생각에 얼굴이 상기돼 있다. 나이가 들어도 반갑고 기다려지는 모양이다. 화기애애한 분위기에서 남편이 내 차를 운전했다. 볼일이 있다며 막내아들도 따라나선다.
 시동을 켜니 계기판에 빨간불이 들어온다. 바쁘니 돌아오는 길에 주유하자는 남편의 말에 짐작 가는 일이 있어 안 된다고 단호하게 말했다. 얼마 못 가 뭔가 심상치 않은지 갓길에 세운다.
 생각이 번개처럼 머리를 스친다. 나쁜 예감은 정확하다던가. '딱' 하는 단말마의 비명을 끝으로 엔진이 멈추었다. 심장도 같이 멈춘다. 어쩔 줄 몰라 했다.
 지구상에는 온갖 놀라운 일이 일어난다. 하늘을 날아다니는 비행기가 추락하고 바다를 항해하는 배가 물속으로 가라앉는다. 하지만 남의 이야기였다. 바다 건너 불구경같이 바라만 보았다.
 어제 볼일이 있어 제주 시내로 갈 때 자동차 계기판에 빨간불이

들어왔다. 약속 시각이 늦었기에 오면서 주유할 생각으로 무시하고 갔다. 불이 들어와도 오래 주행할 수 있다는 말이 생각나서다. 집에 오는 길에 주유소를 두 곳이나 들렀는데 영업이 끝나서 문을 닫았다. 불안했지만 설마 차가 멈추랴, 안일하게 생각했다. 제때 기름을 넣지 않는 습관이 이런 사고를 일으킬 줄이야. 갓길도 없고 큰 도로에서 멈췄다면 어찌했을까. 생각만 해도 온몸에 찬물을 끼얹은 것처럼 소름이 끼친다.

부부는 사소한 일로 시시콜콜 지난 이야기를 끄집어내며 얼굴을 붉힌다. 불만이 오목조목 수면에 떠오른다. 백 년 동안 배를 띄워 그 사이를 오가도 서로의 마음을 다 읽을 수 없다. 젊은이가 자연스럽게 노인이 되는 것처럼 대화가 자주 끊기며 싸워도 이상한 것이 아니라 자연스러운 현상이라고 들었다.

남편은 한숨을 토해내며 땅에 흩어져 있는 낙엽처럼 메마른 표정이다. 기가 막혀 말을 잇지 못한다. 나는 따가운 시선을 애써 외면했다. 얼굴을 찡그리다 와르르 구겨진다. 위기를 모면하고자 실없는 농담을 건네 보지만 들은 척도 않는다. 이 상황에서 무슨 변명이 통하겠는가. 이 남자는 누구인가. 버스 안에서 우연히 옆에 앉은 사람하고 다르다. 세상에 하고많은 사람 중 수없이 반복된 인연으로 맺은 남편이다.

결혼생활에 싫증이 난 남자가 아내에게 집을 나가라고 했다. 아내는 아무 소리 못 하며 훌쩍인다. 그 상황에서도 여자라고 외출하기 위해 화장을 한다. 남자가 흘낏 보니 예쁘다. 평소에 보던 모습이 아닌 다른 여자 같다. 순간 마음이 변하여 그냥 살라고 했다는 이야기가 있다.

지금 이런 사람은 없다. 아득한 과거에 있음직한 일이다. 마음은 여러 가지다. 자기 것이지만 마음대로 되지 않는다. 결혼하고 나라고 우여곡절이 없겠는가. 보따리를 싸고 싶은 생각도 있었다. 하지만 마음속으로만 싸다 풀었다.

어느 날 남편이 지나가는 말로 집을 나가라고 한다.

"여기는 당신 집이기도 하지만 내 집이기도 하다. 나갈 때가 되면 이혼해서 당당히 나가겠다. 내가 싫으면 당신이 나가라."고 담담히 말했다.

세월이 흐른 후 남편은 이런 말을 농담으로라도 하지 않는다. 자기 집이라고 지키고 있는 내게 미안하고 고마웠다고 말한다. 나는 잘나지도 않고 내세울 게 없는 평범한 사람이다. 하지만 빛나지 않아도 괜찮다. 존재만으로도 빛나지 않는가. 살다 보면 인생이 가로막힌 느낌이 든다. 세상이 온통 빨간불로 출렁인다.

오늘 다른 모임도 있다. 그 모임에 갈 걸 하고 후회도 했다. 아니다. 다른 사람과 같이 운전하고 가도 차는 멈춘다. 그래도 남편과 있을 때 멈추는 게 낫지 않을까. 한번 터진 풍선은 다시는 터지지 않는다.

남편이 여기저기 전화를 한다. 서비스센터와 연결이 되었다. 직원이 오기까지 이십 분 동안 차 안에서 지루하게 보냈다. 기다릴 때의 마음은 같은 시간이라도 시간이 다 같지는 않다.

혼자 운전할 때 얼마나 행복했나. 오롯이 나만의 시간을 만끽한다. 라디오에서 나오는 노래를 큰소리로 따라 불렀다. 시 낭송을 하며 한껏 분위기도 잡는다. 소중한 보금자리가 지금은 지옥이다. 누가 만든 것이 아닌 내가 저지른 잘못으로 인해 생긴 일이다. 너의 현재를 알고 싶다면 과거를 보라. 미래를 알고 싶다면 현재 살아온 삶을 보라 했다. 후회가 막심이다.

냉랭한 분위기를 감지했는지 아들도 뒷좌석에서 가시방석에 앉은 것처럼 숨죽이고, 요지부동이다. 얼굴이 어두워졌다. 잘난 척하던 엄마도 이런 실수를 하는구나. 아들의 생각이 궁금하다. 인간이란 허점투성인가. 아니면 엄마만 이럴까. 사람이 동물보다 위대한 점은 단점을 고칠 수 있다는 것이다. 잘못을 마음 깊이 새기며 반성한다.

저 멀리서 서비스센터 차가 보이니 반가웠다. 이 어색한 상황을 벗어날 수 있다. 여기저기 점검하더니 천 원어치의 기름을 넣으니 삼백 미터쯤 운전해서 가니 주유소가 보인다. 냉큼 기름을 넣었다. 이제 심장이 제대로 뛰기 시작한다.

늦게 도착한 우리 부부는 오랜만에 만나는 친구들에게 인사 받기 바쁘다. 억지로 웃으려니 어색한 표정을 관리하기가 힘들다. 사교를 밥 먹듯이 하는 사람은 표정 관리를 어떻게 하는지 궁금하다. 식사하면서 무슨 맛인지 모르고 먹었다.

뒤풀이로 노래방에 갔다. 남편의 얼음장 같은 표정이 언제 그랬냐는 표정이다. 함께 놀다 보니 기분이 풀렸다. 우리 부부는 불에 올려놓은 양은 냄비처럼 순식간에 뜨거워졌다가 이내 평정심을 갖게 되었다.

집으로 돌아오는 길이다. 갈 때는 불편하던 공간이 지금은 꽃길이다. 얼굴을 붉혔는지도 아리송하다. 마음이 하루에 열두 번 변한다. 시시각각 언제 어떤 일이 일어날지 모르는 게 우리의 삶이다. 꽃길만 걷는 사람은 드물다. 나름대로 희로애락이 공존한다. 내 삶에서 다시는 일어나고 싶지 않은 일을 경험했다.

초승달의 웃음

생각대로 삶을 영위하는 사람이 있을까. 보이지 않는 운명은 늘 돌부리에 걸리듯 예고 없이 다가온다. 태어나고 싶다는 생각도 없이 여자로 이 세상에 왔다. 기억하지도 못하는 시기와 생각할 수 있는 나이가 되어도 운명에 순응하며 살았다. 내가 누구인지 어떤 것을 잘하는지, 무엇을 해야 좋은지도 미처 깨닫지 못했다.

졸업하고 직장 생활을 오 년 가까이 했다. 사장님 내외분은 나를 딸같이 대해 주어서 책상에 책을 놓아두고 틈나는 대로 편하게 읽었다. 사모님이 책을 빌려다 주고 직장이기보다 한가족처럼 지냈다. 오랜 직장 생활에 싫증이 나서 사표를 냈다. 그때 사표를 내지 않았으면 인생이 바뀌었을지도 모른다.

직장이었던 곳은 내부 수리를 하여 세를 줘서 보석 가게가 들어섰다. 가게 주인과 나를 사모님이 중매를 섰다. 고생시키지 않고 가게 하며 편히 살 거라 믿었다. 만난 지 석 달도 채 되지 않았는데 출근하던 직장이 신혼집이 됐다. 사람들은 결혼 전에 짝을 만나서 사귀고 사랑해서 결혼하는데 다 생략했다. 인생이 거대한 힘에 떠밀려서 생각할 여유도 없이 순식간에 일이 흘러갔다. 신분은 자신이 결정할 수 있는 것이 아니다. 자신의 의지로 선택하지도 않은 삶을 짊어지고 허우적거렸다.

처음에는 휘황찬란한 보석이 익숙하지 않아 거부감이 들었는데 자꾸 바라보니 창호지에 먹물이 스며들 듯 적응이 된다. 가게에서 반지를 손가락에 끼우고 앉아 있으면 손님들이 예쁘다며 사 갔다. 주인이 세공한다고 장사가 잘됐다. 보석 가게 사모님이라는 호칭이 귀부인 부럽지 않다. 남편이 자리에 없을 때면 손님이 오면 시계 배터리 끼울 정도의 요령도 생겼다. 망치 소리가 끊이지 않았고 똑딱똑딱 소리 나는 벽시계가 많으니 늘 시끄럽다. 신경 쓰였는데 차츰 익숙해졌다.

일찍 결혼해서 연년생으로 아이를 낳아 힘겨워할 때 친구들은 미혼이라 시간적 여유가 많아 여행 다니는 게 부러웠다. 그러나 아이들이 어린이집 다닐 때 나보다 늦게 결혼한 친구들은 기저귀 가방을 들고 다니며 힘겨워했다. 아이를 키웠던 것을 떠올리니 우유병만 봐도 어떻게 키우나 걱정이 된다.

평생 가게만 할 것으로 생각했고 생활도 안정이 되어갈 때였다. 갑자기 시아버지가 돌아가셨다. 마침 IMF에 장사가 되지 않아 가게를 정리하고 남편이 장남이라 시골로 들어가게 되었다. 정서도 맞지 않고 해보지 않은 농사를 짓기 시작했다.

시골 사람들은 남의 사생활에 지나칠 정도로 관심을 가졌다. 새벽에 꿀잠을 자는데 깨워서 당신의 필요한 것을 빌려 갔다. 누구네 살림은 어떻고 밭에 잡초는 무성하더라. 부지런해도 흉보고 게을러도 흉을 봤다. 왜 남의 일에 관심이 많을까. 할 일이 없어서 그런 것 같지는 않은데…. 살다 보니 그게 관심이고 이웃에 대한 공동체 문화라는 걸 이해하게 되었다. 바쁜 농사철에는 품앗이하며 더불어 사는 생활에 익숙해 갔다.

애들이 갓 초등학교에 입학하며 들어왔는데 지금은 군대도 다녀오고 어엿한 직장인이다. 세월이 약이라던가. 농부는 직장 생활에 스트레스받지 않으며 정년도 없다. 퇴직하고 노후에 농사짓는 사람이 늘고 있다. 그믐달의 눈물이 있어 초승달의 웃음을 볼 수 있다.

사람들은 보석 세공하는 기술이 아깝다고 말한다. 겉만 화려하게 보일 수 있는 가게에 미련이 없다. 물건을 팔 때 이윤을 남기려면 원가보다 많은 금액을 불러야 한다. 하지만 농사는 농작물을 잘 만들어 놓으면 된다. 가격이 들쑥날쑥하지만, 최상품을 만들면 그다음은 신경 쓰지 않는다.

몇 년 전에는 육십 평이 넘는 법인 창고도 지었다. 감자 선별기도 들여놓고 각종 농기계를 갖추었다. 일 잘하는 외국인 근로자와 상부상조하며 현재진행형이다. 노후에는 어떤 거대한 일이 펼쳐질지 자못 궁금하다.

세상에는 밤과 낮이 있고 남자와 여자도 있다. 하늘이 있고 땅도 있다. 불이 있고 물도 있다, 자연의 이치가 그렇다. 낮의 밝음 속에서 열심히 일하고 밤의 어둠 속에서 심신을 쉬어야 한다. 밝은 빛만 있다면 생명체는 존재하지 못한다. 자연스럽게 조화를 이루며 끊임없이 공존하는 신비로운 세상에 살고 있다. 고비마다 힘든 일이 있지만, 음지가 양지 되고 양지가 음지 된다는 말을 기억하리라.

저녁 하늘이 양끝에서 당긴 듯 팽팽하다. 하루 종일 내리쬐던 태양은 노랗게 식어간다. 붉게 물든 석양이 출렁이고, 나도 조금씩 물들어 간다. 해는 서산으로 넘어가고, 새 한 마리가 힘차게 허공으로 날아오른다. 나도 저 새처럼 창공을 날아오를 것이다.

이 어둠을 희미하게나마 밝혀줄 초승달이 떴다. 밭일을 끝내고 돌아서는 내 등 뒤에서, 수줍게 웃음을 피워낸다.

무슨 못 잊는 마음이 남은 것일까
뉘우침 많은 가슴
되돌아갈 수 없는 어젯날 위에
남겨 두고 온 발자국 그리는 것일까.

누군가 못 견디게 그리운 이 있어
부르는 소리 따라 밖으로 나오니
아무도 없는 빈 뜰 위에
낙엽이 한 잎 두 잎 떨어져
낙엽들끼리 서로 기대어 울고 있다.

못 잊은 마음도 그리운 마음도
모두 다 어리석음 탓이라고
달빛은 그렇게 가만가만 속삭인다
가는 것을 가게 하라고 다독거린다.

- 문병란 「달밤」 일부

6부

매화는 잎보다 꽃이 먼저 핀다. 이른 봄눈이 채 녹기도 전, 만물이 추위에 떨고 있어도 하늘에서 꽃잎이 피어난다. 신비스럽고 평화로운 정경이다.

하늬 지나는 날

바람이 창문을 흔들고 지나간다. 삽상한 가을 주말, 차갑고도 맑은 아침이다. 볼 수 없고 만질 수 없는 바람은 공중에서 걸림이 없다. 어디든지 가고 어디에도 머무르지 않는다. 아무리 굵은 밧줄로 묶어 놓으려 해도 허망하게 빠져나간다.

돌아보니 불혹의 나이가 하늘의 뜻을 안다는 지천명을 넘어 예순이 되려고 한다. 숱 많던 머리카락도 빠져 가을 숲이다. 시계추처럼 바쁘고 단조로운 일상에서 벗어나 쉬고 싶다.

추억과 함께하는 이야기는 한 권의 책이 되고 한 마리 새가 될 수 있다. 이웃 마을에 친하게 지내는 동생이 산다. 나이 차이가 있지만 배려심도 있고 소소한 일상을 공유하는 산소와 같은 동생이다. 직업이 달라 함께 시간을 내는 게 쉽지 않다. 지역에 있는 백약이 오름과 용눈이 오름을 가끔 같이 다녔다. 모처럼 시간이 있어 그녀의 친정에 같이 간다. 차는 달려가고 풍경들이 지나간 시간처럼 사라져갔다.

그녀의 친정에는 귤 농사를 하는 밭에 감나무도 몇 그루 심겨 있다. 감을 직접 따보고 싶다. 자기가 소유하지 않은 것은 좋게 보인다. 나는 밭농사만 해서 과일 농사는 고급스럽고 낭만적으로 보인다. 멀리서 보면 희극인데 가까이 보면 비극이란 말이 그래서 생겼으리라.

고즈넉한 시골 풍경이 그림처럼 펼쳐지고 있다. 하늬바람은 내 몸이 갈 수 없는 길을 지나서 감나무에 부딪쳐 소리를 낸다. 감나무 잎사귀가 소슬한 바람결에 스산함을 자아낸다. 고샅길에서 바라보니 감나무에 감이 다닥다닥 매달렸다. 나는 왜 감나무만 보면 기쁜가. 가을을 좋아하는 이유 중 하나는 감이 나오는 시기라 그렇다. 연한 홍시도 맛있고 속살이 아삭아삭 씹히는 풀 향기 섞인 단감도 좋다.

감이 익어가는 풍경은 한 폭의 산수화다. 누구나 감나무 앞에 오면 걸음을 멈출 수밖에 없다. 어린 시절의 고향이 생각난다. 바라보고만 있어도 행복감에 취해서 얼굴이 감처럼 빨개진다.

아버지가 치아를 내보이며 반겼다. 어머니가 돌아가시고 처음 뵙는데 조금은 여윈 것 같다. 어머니가 계시지 않은 친정은 이미 친정이 아니라 한다. 어머니의 존재가 소중함을 이르는 말이다. 내 친정에 온 것 같은 푸근함이 느껴진다.

아버지는 젊은 시절 많은 자식을 먹이고 입혀서 어디 아플세라 노심초사하며 키웠다. 때론 자식들 재롱에 흐뭇한 미소도 지었다. 커가는 아이들 교육하느라 가장의 어깨가 무거웠으리라. 배우자를 먼저 하늘로 보내고 지나는 바람처럼 그림자로 살고 있다. 멀리 시집간 딸이 찾아와서 반갑지만, 아내의 빈자리가 너무 커서 미안해한다. 그런 모습을 지켜보는 딸의 심정은 얼마나 헛헛할까.

부부가 살다가 어느 한쪽이 먼저 떠난다. 주위에서 환갑 전에 그런 사람이 여럿 있다. 보기에도 어디 한 곳이 뚫린 것 같은 허전함을 느낀다. 황혼기에 접어들며 결혼할 때의 마음도 많이 변했다. 있을 때 잘하라는 말도 있지만, 없어 보지 않아서 실감하지 못한다. 막연히 추측할 뿐이다.

귤밭 앞에 오래된 감나무가 어서 따가라고 재촉한다. 벌레 먹은 나뭇잎 속에 감춰진 감은 초록색에서 주황색으로 변신하고 있다. 그 속에 햇살과 바람을 불어 넣고 떫을 만큼 떫은 후에야 비로소 달고 맛있는 감이 된다. 모든 영양분을 잎과 줄기에 주고 감이 튼실히 크기를 바랐다. 무성했던 잎사귀도 가을빛을 머금다가 황금빛으로 물든다.

가을이 되어 열매를 머지않아 다 떨어뜨리고 앙상한 가지만 남을 것이다. 우리의 인생도 이와 같지 않을까. 가을이 감빛으로 물들고 오후의 태양은 잘 익은 감처럼 정겹다. 인적 없는 길은 나뭇잎 사이를 뚫고 볕뉘가 내려앉아 머뭇거린다.

하늬바람이 일렁이던 들판은 회갈색 쓸쓸한 빛깔이다. 바람이 전하는 소리를 바람결에 들었다. 저녁노을 진 풀 냄새에 섞여서 억새의 사운대는 소리가 들린다. 낙엽을 흩날리는 바람결에 가을이 젖었다. 새들이 잔가지를 한들거리며 무심히 놀다가 둥지를 찾아 날갯짓한다. 감나무 가지에 매달린 나뭇잎도 서늘한 바람에 팔랑대며 하나둘 지고 있다. 바람이 던지고 간 물음표 하나가 허공에 부서진다.

감나무 사이로 석양빛이 드리워진다. 넉넉하게 단감을 따서 조븟한 소로小路 따라 발길을 돌린다. 하늬바람이 휙 지나간다. 서두르는 우리를 향해 아버지가 어서 가라고 손짓한다. 음성은 잠긴 물처럼 고요하다. 나뭇가지 그림자가 엷게 내려앉은 아버지 얼굴이 그지없이 쓸쓸해 보인다.

사람이 풍경이 되어 오래도록 남는다.

고구마꽃

 고구마 익는 맛있는 내음이 퍼진다. 입안에 침이 고인다. 김이 모락모락 나는 고구마를 한입 베어 물면 달콤한 맛이 혀끝에 번진다. 그간의 노동이 달콤한 맛으로 돌아왔다.
 밭일할 때 고구마는 최고의 간식이다. 냄비 바닥에 굵은 송이를 깔고 말갛게 세수한 고구마를 차곡차곡 넣는다. 중간 불로 가스에 올려놓으면 2~30분쯤 지나면 달콤한 내음이 코끝을 간질인다. 바람을 타고 솔솔 퍼지면 사람들이 탄다고 야단이지만, 그 냄새가 지나야 비로소 익는다.
 일할 때 간식용으로 고구마 농사를 시작했다. 하다 보니 면적이 늘어나면서 지인에게 선물하다 판매까지 하게 되었다. 판매하며 여러 사람을 만나고 소원했던 친구와 마음을 나눌 수 있는 계기도 만들어 준다.
 이때부터 핸드폰이 바쁘다. 고구마 나올 시기가 되면 왕래가 없던 사람도 언제 나오냐고 연락이 온다. 해마다 찾는 소비자는 문자를 보낸다. 선물하다 보니 농장으로 알음알음 뭔가를 갖고 온다. 고구마 선별할 때 구워서 준비하고 포장해서 주기도 한다. 단조로운 관계도 음식을 같이 먹고 주고받으면 부드러워지고 가까워진다. 이런 게 사람 사는 정이 아닐까.

아청빛이 싸르락 스치는 여명에 파종하러 밭에 간다. 파종하고 스프링클러를 작동해 물을 뿌리니 텅 빈 하늘에 물보라가 퍼진다. 아지랑이가 햇빛을 받아 은빛으로 날아다니고 노랑나비가 아지랑이와 같이 날갯짓한다. 고구마 줄기가 물빛에 젖어서 바라보는 내 마음도 그 빛에 물들어 간다. 축 늘어져 있던 여린 줄기가 겨우 일어선다.

그 모습을 보니 처음 글을 쓸 때 막막했던 시간이 떠오른다. 농사도 처음에는 경험하지 않은 생소한 환경에 적응하지 못했다. 농사일이 힘든 것은 시간이 지나면 이겨내는데, 새벽잠이 많아서 일어나려면 몸을 분해했다가 조립하는 것만큼 힘겨웠다.

글쓰기도 다르지 않다. 하루의 일을 마치고 집으로 와서 책상에 앉아 커피를 마신다. 정신을 차리려고 해도 글 한 줄 읽지 못하고 잘 때가 있다. 콩나물시루에 물을 부으면 아래로 떨어진다. 소용없는 일 같아도 반복하다 보면 콩나물은 쑥쑥 자라게 된다. 글쓰기도 발전이 없는 것 같지만 시간이 지나며 성장하리라 믿는다.

글쓰기를 위해 오랜 시간을 달렸다. 누가 하라고 떠밀지도, 시키지도 않는데 무엇 때문에 머리를 싸매고 끙끙대는지 모르겠다. 글쓰기는 쓸수록 미궁에 빠진다. 양파 껍질처럼 벗겨도, 벗겨도 그 속을 다 헤아릴 수 없다. 수필은 내 숨소리를 듣고 살아있는 것을 확인하는 작업이라 생각한다.

다른 작물보다 꽃을 보기가 쉽지 않다. 줄기를 뻗으며 번식하기에 열악한 환경에서 꽃을 피운다. 감자꽃처럼 확 다 피는 모양은 볼 수 없어 포기마다 피지 않고 이랑에 드물게 올라온다. 겉은 하얀색이고 안으로 들어갈수록 보라색을 띠며 나팔꽃 모양과 같다. 가만히 있으면 꽃이 피지 않는다. 더위와 가뭄을 극복하고 애면글면해야 마침내 활짝 피는 게다. 고구마도 꽃을 피우는데 내 글쓰기의 꽃은 언제 피어날까.

처음에는 굼벵이가 먹어서 물건의 가치가 떨어졌다. 상품으로 쓰지 못하고 애를 태웠다. 중간에 굼벵이 약을 한두 번 뿌려야 하는데 경험이 없어서 처음에만 살포했다. 굼벵이가 제 세상이라고 살판났다. 살충제가 땅속 깊이 스며들려면 비가 내릴 때 뿌린다. 삶을 살면서도 제 시기에 해야 할 일이 있다. 다른 일도 그렇지만 농사는 더 말해 무엇하랴.

열매를 맺을 수 있다면 지금 꽃이 피지 않는다고 슬퍼할 이유가 없다. 글을 쓰는 것은 그리움과 만나는 일이다. 실패를 받아들일 수는 있어도 시도조차 하지 않는 것은 받아들일 수 없다.

한 줄기 바람이 노크한다. 어느덧 늦은 오후가 되어 들녘에는 하늘과 땅이 시간의 자리를 바꾸려 한다. 노랗게 식은 햇살에 드러난 하늘이 보인다. 엷은 햇살은 꼬리를 감추고 서편에는 노을이 번진다. 일하는 이들의 자갈자갈 소리도 사라졌다. 조용히 생각에 잠겨 나 자신과 마주 앉을 시간이다.

바람결에 피어난 찔레꽃

송홧가루 날리는 오월에 들길을 걷는다. 어디를 보아도 향긋한 꽃 세상이다. 야생화의 상큼한 향기가 은은하게 코끝을 자극해 온다. 나뭇잎은 푸른 색깔의 물감을 뿌려놓은 듯하다. 포근하고 눈부신 햇살 속에서 꽃의 홍수는 건강한 생명감을 맘껏 발산한다.

겨울 추위에 얼었던 나무가 초록의 색깔로 변신하고 있다. 들녘에 산딸기가 지천으로 열매를 맺는가 싶더니 한둘씩 붉게 익어간다. 앙증맞은 자태에 발길을 멈추게 한다. 아무도 찾지 않고 바라보지 않아도 묵묵히 제 할 일 하는 산딸기를 닮고 싶다. 산딸기처럼 그 누구를 유혹할 수 있을까.

찔레꽃이 지등처럼 피었다. 그 옆에는 들꽃이 고개를 내밀어 새초롬하게 꽃망울을 터트린다. 단아한 떨림이 인다. 들녘이 하얀 치마를 둘렀다. 매혹적인 향기에 취해 정신이 몽몽하다. 꽃이 산들바람에 몸을 맡기며 허공에서 팔랑거린다. 꽃들의 하느작거림에 취기가 오른다. 찔레꽃은 혼자 필 때보다 무리를 이루어 피었을 때 더 매혹적이다. 하얀 꽃들이 나부끼고 출렁이면서 파도를 탄다. 들꽃이 바라보라고 여기저기서 소리 없이 아우성친다.

자연은 변화무쌍하다. 모든 생명체는 한시도 가만히 있지 않고 움직인다. 맑은 하늘에 새털구름과 양떼구름도 무심한 듯 유심히 떠다닌다. 나뭇잎 사이로 햇살이 눈부시게 일렁인다. 나무도 어제의 나무가 아니다. 잎사귀가 하나둘 간당간당 떨어질 수도 있다. 마른 낙엽이 발밑에서 바스러지는 소리를 낸다. 자연은 변화무쌍하다.

벌 한 마리가 윙윙거렸다. 봄날에 겨운 몸짓으로 어지럽게 한 바퀴 돌더니 찔레꽃에 살포시 앉는다. 까치가 까치걸음으로 다가오다 날아간다. 사람이 없어도 아무 상관없다는 듯 계절은 바뀌고 꽃은 핀다. 솜털 같은 평화를 느낀다. 후줄근하게 지쳐 있는 사람도 자연을 찾으면 싱싱해진다. 머지않아 가을이 오면 제 할 일을 묵묵히 다 하고 돌아가는 단풍잎이 붉게 탈 것이다.

자연은 모든 것을 내주며 욕심내지 않는다. 기꺼이 꽃을 보여주고 열매를 맺게 하고 떨어져 낙엽이 된다. 힘없어 보이는 자연이지만 주어진 순리대로 만족하며 더 강한 생명력을 지탱한다.

오월에 피는 꽃은 유독 흰색이 많다. 하얀 꿈을 꾸어서 하얀색인가. 흰색은 모든 빛을 반사하며 아무런 색도 없는 순수하고 청결한 이미지로 다가온다. 아카시아·밤꽃·찔레꽃·귤꽃·이팝나무···.

이생진 시인은 찔레꽃을 백석과 자야를 통해 노래했다. 세상에 태어나서 한 사람을 사랑하고 그 누군가에게 잊히지 않는 사람이라면 얼마나 행복할까. 백석의 영원한 연인 자야, 백석은 행복한 사람이다. 청아하고 따뜻한 심성을 가진 자야가 그를 잊지 못했으니 말이다. 침묵하는 별빛들의 밀어를 읽는다. 사람의 한평생은 만나야 할 것을 만나기 위한 서성임인가.

백석은 김영한을 사랑했다. 이 여인을 이백의 시 〈자야오가子夜吳歌〉에서 이름을 따서 자야라고 불렀다. 영생고보 교사로 재직할 때 회식 자리에서 자야를 만난다. 두 사람은 첫 만남부터 사랑에 빠진다. 자야가 기생이라 백석의 부모는 둘의 사랑을 반대했다.

너무나 사랑하지만, 백석의 앞길을 막는다고 생각한 자야는 결별을 선언했다. 백석은 받아들이지 못하고 만주로 떠나면서 자리 잡으면 부르겠다고 약속한다. 흔들리지 않는 삶이 어디 있으랴. 이들의 사랑을 질투했는지 38선으로 영원히 별리하게 된다. 남한에 남은 자야는 그를 잊지 못하고 기리는 마음으로 대원각을 기부했다. 그것이 오늘날의 길상사이다.

백석을 잊지 못해 그리워하며 살아온 자야. 소담하게 피어있는 사랑을 느낀다. 그녀가 천억 원이 넘는 대원각을 기부했는데 아깝지 않으냐는 질문에 "천억 원이 그 사람의 시 한 줄만도 못해 다시 태어나면 시를 쓸 거야."라고 대답한다. 한 사람을 올곧게 오랫동안 사랑할 수 있을까. 눈 오는 날 유골을 길상사 마당에 뿌려 달라는 유언을 남기며 삶을 거둔다.

해진 마음을 깁고 공그른다. 그들 연인에게 한 모금 생수가 되어주고 싶다. 한 인간의 삶을 지탱하는 근본은 그의 가슴에 살아 있는 사랑이다. 찔레꽃은 곱고 향기롭지만, 가시가 숨었다. 백석과 자야의 사랑은 애틋하다. 그런데도 그들의 사랑은 찔레의 가시처럼 아련한 아픔을 담고 있는 것은 아닐까.

몇 년 전 문학기행으로 길상사를 찾아갔다. 시의 구절을 생각하며 스적스적 걷는다. 길지 않은 인생이다. 죽도록 사랑할 사람이 있다면 얼마나 아름답고 멋진 삶인가.

나는 갔다.
백석이 되어 찔레꽃 꺾어 들고 갔다.
간밤에 하얀 까치가 물어다 준 신발을 신고 갔다.
그리운 사람을 찾아가는데 길을 몰라도
찾아갈 수 있다는 신비한 신발을 신고 갔다.

— 이생진 「내가 백석이 되어」 일부

시인은 그들의 이별이 안타까워 이승에서 못다 한 사랑을 이루게 하였다. 백석의 혼백이 되어 찔레꽃 꺾어 들고 사랑하는 자야에게 간다. 봇물 터지듯 밀려오는 그리움. 짧지 않은 시를 암송해 본다.

바람난 매화

봄은 어디에서 오는가. 동양화에서 사군자四君子 중에 매화가 제일 먼저 등장한다. 매화꽃 벙그는 날, 내가 살아있다는 것을 숨소리를 듣고 느낀다. 약간 철을 앞지른 것 같은 자유가 은밀히 웅성거린다.

매화는 잎보다 꽃이 먼저 핀다. 이른 봄눈이 채 녹기도 전, 만물이 추위에 떨고 있어도 하늘에서 꽃잎이 피어난다. 신비스럽고 평화로운 정경이다. 산천도 싱싱하게 물이 오른다. 도처에서 아우성치듯이 봄을 토해내고 있다. 사람이 없어도 계절은 바뀌고 꽃은 핀다. 오랫동안 고였던 공기가 파문을 일으키며 순식간에 지나간다.

선비들은 매화의 곧고 맑은 성품을 흠모했다. 글의 소재로 삼아 일편단심으로 임에게 간절한 심정을 나타냈다. 매혹적인 자태와 향기로 인해 여인에 즐겨 비유한다. 매화는 일찍부터 단아한 모습이나 지조의 상징으로 많은 시문詩文에 등장했다.

봄의 다사로운 햇볕을 쬐기 시작할 때 매실은 소리 없이 잉태되어 자란다. 곤충의 날갯짓 같고 감이 먼 전화 목소리 같다. 신맛을 생각하면 입안에 침이 돈다. 산비둘기 한 쌍이 서쪽으로 날아간다.

중국 삼국시대 조조는 신맛을 이용하여 위기를 극복한다. 대군을 거느리고 출병했다가 길을 잃어 군사들이 몹시 피로했으나 물 한 방울 보이지 않는다. 온몸에 저릿저릿 전기가 통하는 현상이 일어난다. 목마름이 심하여 행군조차 할 수 없을 지경에 이르렀을 때, 조조는 우렁찬 목소리로 "저 산을 넘으면 매화나무 숲이 있다." 석양에 산그늘이 발목까지 차오른다. 그들은 매실을 생각하니 침이 돌아 갈증을 해소할 수 있었다. 그 맛은 얼마나 상큼한가.

삭풍을 이겨낸 매화는 꽃을 버렸다. 한없이 여린 꽃잎을 눈물 물감으로 그렸다. 꽃은 아름다운 애린일 뿐이다. 피고 지는 것처럼 삶은 꽃 앞에서 아뜩할 수밖에 없다. 삶으로부터 멀리 떠나도 여전히 삶이다. 나무가 고요해지기 시작하자 열매를 달기 시작한다. 어진 어머니의 몸짓을 닮고 싶어 말하기보다는 침묵한다. 누구나 꿈꿀 수는 있지만 아무나 실천할 수 있는 것은 아닌 듯하다.

천지에 봄빛이 가득한 날이다. 어제도 오늘도 내일도 봄일 것이다. 산들이 살랑살랑 흔드는 훈풍의 기운에 묻혀서 한 폭의 풍경화 같다. 알록달록한 의상을 걸쳐 놓았다. 노오란 색들을 쏟아놓고도 변함없는 향기로 싱싱할 수 있는가. 꽃보다 찬란하다.

평온했던 마음이 거센 파도처럼 용솟음친다. 청초한 매화가 아픔을 겪는 일이 생겨 놀라움에서 헤어 나오기가 힘겹다.

젖망울
커질 때부터
짐작은 했었다만
햇살에 낯 붉히더니
짙은 향
울담 넘었다
'그 매화
바람났구나'
고 시인의 짧은
평

-고성기「바람난 매화」전문

시를 접하고 몇 번이나 되뇌었다. 바람난 매화라니, 시인의 위트가 놀랍다. 평소 시를 즐겨 암송한다. 시 같은 수필을 쓰고 싶다.

수필은 혼자만의 독백이며 나를 지켜준 버팀목이다. 흙을 밟으며 쓰는 글은 해바라기가 되어 문학이라는 주위를 맴돈다. 눈과 비가 내려도 태양은 그 자리를 지키고 있다. 태양처럼 열정은 계속될 것이다. 흔들리는 땅 위에는 아무것도 세울 수 없다.

바람 잔 연못에 비친 하늘이 청명한 날이다.「바람난 매화」때문에 말다툼이 잦다. 옳고 그름을 따지기 시작한다. 시인은 단아한 매화를 한순간에 웃음거리로 만들었다. 우리의 욕망은 모니터 화면 위에 나타나는 커서처럼 떠돈다. 친구끼리 술렁거려 의견이 분분하다. 이런 일을 지켜보다가 머리띠를 두른 매화는 화가 나서 더듬이 잘린 귀뚜라미처럼 왔다 갔다 한다. 집단으로 저항하지 않을까 걱정이 와락 밀려온다. 소문처럼 세상 사람들을 흥분하게 하는 일도 없다.

봄날에는 햇살을 유혹하고 싶다. 하늘이 쪽배를 드리운 바다처럼 곱다. 짙은 향기가 나에겐 없나 보다. 매화가 부럽다. 어느 시대나 바람은 불었다. 남녀 간의 뜨거운 사랑의 열풍은 사막의 모래폭풍을 일으킬 정도로 강력했다. 운명은 돌부리에 걸린 것처럼 다가온다. 사랑은 벼락처럼 왔다가 정전처럼 끊기는가. 천둥소리 요란한 여름날의 소나기 같다. 인간의 축복인 동시에 불행이 찾아오는 것은 아닐까.

이 시를 읽으니 소설 『주홍 글씨』가 생각난다. 인간의 내면에는 선과 악이 있다. 본능에 의해 사랑을 갈구하는 여인의 모습을 그리고 있다. 그녀가 토해내는 잿빛 그림들이다. 사랑이 항상 봄바람같이 따스한가. 잔잔한 물결같이 고요한 것이던가. 일렁이는가 싶으면 어느새 출렁거려 정신이 아득해지기도 한다. 사랑도 슬픔을 이루는 일부였음을 느낀다. 그녀는 바람난 매화처럼 울담을 넘었는지 모른다. 물빛이 곱다. 수평선 아득한 날, 연분홍 석양빛이 바닷물에 살을 섞는다.

레스터는 자기의 죄를 인정하고 속죄한다. 마음속에는 사회의 율법이나 정신에 반항한다. 사람들의 경멸 어린 시선을 견뎌낸다. 겉으로는 사회와 고립되지만, 매실처럼 순결한 사랑을 간직한 그녀의 생각은 시고 달다.

새들도 잠 못 이뤄 뒤척이는 날, 무수한 별들이 야단이라 하늘을 바라본다. 자연은 그대로의 자연이 아니다. 내 의식을 통하여 재생된 까닭에 새롭다. 감정은 여과된 감정이고 사색은 발효된 사색이라야 이슬처럼 흠뻑 취한다. 바람이 스며들 듯 소리 없이 공간을 채워 나간다. 봄밤, 꿈에서도 잡을 수 없는 그리움이 일렁인다.

레스터의 사랑은 주황색 꽃을 피웠다. 요염한 능소화가 자지러지게 피어 몰래 담장을 넘는다. 시인이 말한 「바람난 매화」는 『주홍 글씨』의 바람과는 다른 꽃내음 향긋한 바람이 아닐까.

씬 짜오

책 몇 쪽을 읽듯이 여행을 간다. "여행을 떠나는 것은 이국적인 것을 찾아서, 새로운 것을 만나기 위해서다. 끊임없이 우리의 영혼으로부터 새로운 사색의 담금질하는 것."이라고 어느 작가는 말했다. 사방은 탁 틔어 있어 바람도 그냥 지나간다.

사나운 장대비가 내린다. 세상은 뜻대로 움직여주지 않는다. 약속 시간이 되어 조금이라도 지체할 상황이 아니다. 옷을 덜 젖게 해야 한다. 양말은 생략하고 반바지에 샌들을 꺼내 신고 우산은 필수다. 간소하게 입었지만, 캐리어는 양보할 수 없다.

캐리어 끄는 소리는 빗소리에 젖었다. 기가 죽어서 앓는 소리만 난다. 날씨와 상관없이 마음은 흥분으로 출렁인다. 정류소에 대형 버스가 위세도 당당하게 기다리고 있다. 자유민주적으로 차려입은 여인들이 버스에 한 명씩 오른다. 동네 어르신이 인사하러 와서 봉투를 내민다.

인원이 맞아 버스가 미련 없이 출발했다. 제주공항에서 김포행

비행기에 오른다. 하늘은 만물을 덮기 위해 있고 땅은 만물을 올려놓기 위해 있다. 부녀회에서 몇 년간 준비한 해외여행을 간다. 인천공항으로 가서 베트남에 갈 예정이다. 시간이 지나 다낭에 도착하니 가이드가 베트남 언어를 설명했다. 안녕하세요. 씬 짜오, 감사합니다. 씬 까~먼이라고 한다.

다음날 모든 게 여유롭다. 시차가 우리나라보다 2시간 늦다. 처음 간 곳은 전신 마사지 가게다. 한 방에 5~6명씩 들어간다. 여자를 신이 만든 꽃이라 했던가. 열매라 했던가. 모란꽃 벙그는 듯 아가씨들이 다가온다. 달밤에 이슬만 먹고 자란 꽃잎처럼 가냘프다. 서툰 한국말을 하며 마사지한다. 어여쁘고 날씬한 미녀들의 손끝은 야물고 섬세하다.

중년의 여성이다. 관광에 빠지지 않는 코스가 온천이나 마사지다. 눈으로 보고 즐기는 것 못지않게 몸이 호강하길 바란다. 일정에서 마사지는 빠지지 않는다. 첫째 날과 셋째 날에 같은 가게에 갔는데 첫날 내 파트너가 또 하게 됐다. 아가씨가 알아보고 반가워하니 기분이 좋아 꼭 안았다. 첫날보다 더 정성을 다해준다. 창호지처럼 마음이 들뜬다. 말은 통하지 않아도 서로 느낄 수 있는 감정을 지닌 사람이 아닌가. 만나는가 하면 헤어진다. 그것이 비극이든 희극이든 간에 행복이든 불행이든 간에 삶은 찬란하다. 헤어질 때는 아쉬워 두 손을 꼭 잡았다.

대중교통 수단은 오토바이다. 연인 또는 가족이 3명까지 타고 다닌다. 사람이 아닌 차가 우선인 나라여서 그런가. 연이어 울리는 경적에 양보는 사전에 없다고 외치는 듯하다. 군상들이 서로 방향을 달리하며 혹은 같이하며 가고 있다. 사람이 지나가도 무시하고 달린다. 살벌함이 무엇인지 보여주는 괴물 같다. 약을 먹은 파리처럼 맥을 출 수가 없다. 등줄기가 서늘하다. 익어 터지는 햇빛 속에서 여자들은 눈만 보이게 하고 꽁꽁 싸매고 다닌다. 뜨거운 날씨에 햇볕이 튀고 불볕에 달구어진 너럭바위가 소나기를 만나 물을 들이켜고 있다. 강렬한 햇볕을 피하고 아름다움을 추구하는 것은 국경을 초월해 같다.

어둠이 켜켜이 쌓여가는 저녁이다. 긴 해변 따라 펼쳐진 금빛 모래사장에 반짝이는 해가 떨어진다. 놀은 도시를 물들이면서 서서히 사라진다. 일정을 마치고 호텔에 들어간다. 여행사 사장님이 망고를 준비했다. 입에 넣고 깨무니 맛이 달다. 망고를 실컷 먹어 보는 게 처음이다. 인간이란 한 치 앞을 모르고 산다. 앞으로 어떤 멋들어진 삶이 펼쳐질지 자못 궁금하다. 달빛이 방안에 들친다. 꿈틀대는 별이 이슬에 젖고 있다.

베트남 사람은 자그마한 신장을 갖고 있다. 군더더기 없는 날씬한 몸매다. 집에서 밥을 하지 않고 밖에서 먹는다. 모계사회이고 물가가 싸서 어려운 사람이 살기에는 좋다. 우리나라 사람이 직장 관계로 가족이 베트남에 갔다. 임기가 끝나도 아내와 자식은 남고 가장만 떠나게 되는 야릇한 곳이다. 남자보다 여자가 살기 좋은 곳이라 그런가.

여러 곳을 여행 다녔다. 이번 여행이 가장 재미있고 신났다. 어느 나라는 광활하여 이동 시간이 길어 힘들고 기다림의 연속이었다. 일본은 단무지 하나도 돈을 내서 먹어야 하는 곳이라 인색했다. 마음 놓고 놀지도 못하고 얌전빼다가 한국에 도착하고 관광버스에서 놀았다. 약간의 아쉬움이 있어야 다음 만남이 기다려지는 것인가.

수평선 너머 해를 잡으러 가는 날, 베트남 전쟁을 생각한다. 공산주의 베트남 민주공화국과 비공산주의 베트남 공화국 간의 동족상잔 분쟁을 말한다. 북베트남은 소련과 중국, 남베트남은 미국과 그 동맹국들의 지원을 받았다. 세월의 수레바퀴가 굴러간다. 무뎌진 마음의 근육을 키우려 안간힘을 쓴다. 베트남의 통일 과정에서 미국과 벌인 전쟁이다. 슬픔을 슬픔으로 표현하지 못하는 비애다.

월남전에서 해병대가 파병되었다. 월남 사람들에게 부득이하게 큰 피해를 준 것에 대한 우리 정부는 사과하고 있다. 그들은 우리를 보며 웃고 있지만, 마음속으로 원망하고 있는지 모른다. 순수한 동경으로 별처럼 반짝이는 그들의 눈이 보이는 듯하다. 세계

최강 미국을 이겼다는 자존심이 그들의 가난을 잊게 하는지도 모른다.

베트남은 관광하기에 좋다. 들썩들썩 한껏 들떠서 빈 그릇 굴러가듯 웃었다. 인천공항에 도착하니 부푼 풍선처럼 붕 떠 있던 마음이 차분해진다. 어질러져 있던 물건이 제자리를 찾은 기분이다. 마음이 편해서 풀밭에 드러누운 것 같다. 가장 편한 곳에 있어야 할 자리에 와 있는 것 같은 안도를 느낀다.

힐링은 이럴 때 쓰는 말인가 보다. 여행은 떠나기 위함이 아니다. 감동을 안고 돌아오기 위해서 존재한다. 베트남이여 씬 까~먼.

흙으로 돌아가는 숨결

사람은 먹고살아야 한다. 사람만이 아니라 모든 생명체는 예외일 수 없다. 먹지 않으면 죽듯이 또한, 이것을 내보내야 한다. 우리는 똥을 냄새난다고 피한다. 똥의 입장에서는 억울하다. 음식물로 인해 몸을 살찌우고 그 음식을 통해 죽지 않고 살고 있다. 미처 소화하지 못한 것을 밖으로 내보내고 끝나는 것이 아니라 대지에 떨어져서 곡식의 거름이 된다. 다시 먹거리가 되어 입으로 들어가는 순환을 한다. 아무리 고상한 사람도 이 문제를 초월할 순 없다.

사람이 볼일을 볼 때 돼지가 어슬렁어슬렁 걸어와서 떨어지는 인분을 먹었다. 음식물 찌꺼기와 과일 껍질도 먹고 포동포동 자란다. 오줌과 똥을 싸고 그것이 썩으면서 거름이 된다. 뒷간에서 자란 돼지를 잔치 때 몇 마리 잡느냐에 따라 빈부의 차이를 알 수 있었다. 부자들은 여러 마리의 돼지를 잡고 그렇지 않으면 많이 잡지를 못했다.

결혼식을 하려면 기본으로 삼일을 했다. 돼지 잡는 날과 가문 잔치, 결혼식 하는 날이다. 돼지 잡는 날은 남자들이 인가에서 멀리 떨어진 곳에서 잡아 오면 주인은 양말을 내놓는 풍습이 있다. 선지와 당면을 넣고 순대도 만든다. 그야말로 동네잔치가 된다. 아이들과 강아지도 좋아서 뛰어다녔다. 이날은 인심이 후하고 생동감 있게 출렁거린다. 끝나고 며칠을 치워야 하는 번잡한 일이지만, 사람 사는 훈훈한 정이 있다. 바쁜 현대는 식당이나 호텔에서 한 끼를 먹으면 그만이다.

'통시'는 수평 구조로 되었다. 제주의 통시는 주로 바깥 돌담에 덧붙여 놓았는데 사람의 키 정도로 비를 피할 수 있도록 지붕을 덮어 주었다. 통시는 지대가 약간 높은 곳에 팡돌(섬돌) 두 장을 깔았다. 모양은 둥그런 돼지 막 한쪽 귀퉁이에 있다. 칸막이가 없어 돼지는 팡돌 밑과 돼지 막을 자유롭게 다닐 수 있다.

통시의 다른 명칭은 칙간·뒷간·변소·화장실과 절에서는 근심을 푸는 곳이라고 해우소解憂所라 한다. 뒷간은 '뒤를 보는 집'과 '뒷마당에 자리한 집'이라는 뜻이다. 사람 똥을 점잖게 에둘러 표현한 말이다. 뒷간을 따로 떼어놓은 이유는 언뜻 당연한 듯하지만 볼일 보러 깜깜한 밤중에 마당을 거쳐 간다는 것이 귀찮고 무섭다. 뒷간은 집과 될 수 있는 한 멀리 떨어진 후미진 곳에 지어놓아 그 기운이 습하고 음산하다. 하지만 전통적인 농경사회에서 인분을 거름으로 내어 써야만 했다.

화학비료나 농약이 없던 시절의 농촌은 농사를 잘 짓는 비결은 하늘과 땅, 거름이다. 농사는 하늘이 반은 짓는다고 하듯 날씨는 풍년과 흉년을 가늠하는 결정적 요소이고 그다음에는 땅이다. 그 땅을 흘려 열심히 준비하는 것이 거름이다. 거름을 잘 준비하면 일 년 농사가 풍성해진다.

밤에는 밖에 나가기 귀찮아서 요강을 사용했다. 아침에 처음으로 하는 것이 요강을 치우는 일이 일상이 되었다. 텃밭에 있는 큰 항아리에 모아 두었다가 거름으로 사용한다. 외출했다가 볼일이 있으면 거름을 더 모으기 위해 집에 와서 봤다.

화장지가 귀해 신문지를 사각으로 접어서 잘라 철사에 고정했다. 한 장씩 뜯어내는 일일 달력도 있었다. 더 거슬러 올라가면 짚·나뭇잎·새끼줄·옥수수 껍질로 뒤처리를 했다

세월이 흐르면서 화장실 문화도 많이 변했다. 수세식 양변기가 갖추어지며 다양한 변화가 생긴다. 화장실과 욕실 공간이 만나면서 멀리 있던 공간이 훅 집 안으로 들어온다. 욕실의 기능이 더해져 향기까지 솔솔 풍긴다. 처음 비데를 사용할 때 어떻게 할지 몰라 당황했다. 한때 아파트 평수와 집 안에 화장실이 몇 개 있느냐에 따라 부富의 상징이기도 했다.

수세식 화장실을 사용한 지 오래되지 않았다. 결혼하고도 재래

식을 사용했다. 쪼그리고 앉아 있으면 냄새날 것 같은데 그렇지 않다. 아늑한 나만의 공간이 된다. 울적할 때는 울기도 하고 뒤집힌 마음을 다독거리기도 했다. 신나면 목청을 높여 노래를 불렀는데 음향 효과가 있는지 잘 부른다는 착각을 했다. 둥글게 자란 아들과 며느리를 아껴주는 부모의 사랑 역시 감정이 순화된 결과가 아닐까.

오늘날은 정화되어 바다로 흘러가지만, 저 옛날에는 사람이 흙에서 와서 흙으로 돌아가는 순환을 했다. 제주의 통시에서 자연의 큰 원리인 순환의 법칙을 배운다.

저녁노을 진 풀 냄새에 섞여서

억새의 사운대는 소리가 들린다

| 해설 |

물들고, 지고, 다시 피는 문장들

손근호(시인·평론가)

한 권의 수필집을 읽는다는 것은 한 사람의 내면을 천천히 산책하는 일이다. 이 수필집은 여섯 개의 부, 그리고 그 안에 담긴 여러 조각의 이야기들로 구성되어 있지만, 그 파편들 사이에는 확고한 감정의 결이 흐르고 있다. 삶의 단면을 썰어 담은 조각 글 같지만, 조용히 책장을 넘기다 보면 우리는 어느새 하나의 전체, 통합된 인간의 목소리를 듣게 된다.

김은숙 작가의 에세이집에 담긴 소중한 수필들을 다음과 같이 네 개의 주제로 묶어 조명했다.
① 가족과 추억의 내력
② 자연과 계절의 시간성

③ 일상 속 감정의 리듬

④ 여행과 사색의 길 위에서의 발견

이 네 갈래는 따로 떨어진 분류가 아니라, 삶의 흐름 속에서 얽히고 맞물린 시간의 단면들이다. 수필집의 문장들은 화려하거나 장식적이지 않다. 그러나 그 꾸밈없음이야말로 이 수필집의 가장 단단한 미덕이다. 작가는 삶의 구체를 있는 그대로 포착하려 한다. 때로는 사라져 버린 시간을 붙잡기 위해, 때로는 자신을 되묻기 위해, 그리고 더 자주, 사소한 것들의 아름다움을 기억하고자 하는 소박한 태도에서.

이제 위 네 개의 주제로 묶어 조명한 대표작을 중심으로 살펴보고자 한다.

1. 자연 속에서 피어난 사유의 꽃

이 세상에서 진정으로 완성되는 모든 것은 조용하고 더디게 그러나 착실하게 이루어진다. 우리가 아무렇지 않게 지나치는 자연의 작은 숨결들이야말로 삶의 진정한 본질을 가르쳐 주는 사색의 텃밭임을 이 수필들은 차분하게 일러준다. 「누렁이의 봄날 이야기」, 「인생의 봄날」, 「비 오는 날은 사색이 흐른다」, 「연꽃을 닮은 보길도」, 「바람결에 피어난 찔레꽃」은 각기 다른 배경과 소재를 품고 있지만, 그 뿌리는 하나다. 자연의 시간, 계절의 흐름, 생명의 탄생과 성장, 그리고 그 속에서 깊어지는 인간 내면의 성찰이 그것이다.

수필들이 보여주는 가장 큰 미덕은 바로 '천천히 말하는 법'이다. 이 수필들은 강요하지 않고, 지시하지 않으며 단지 보여줄 뿐이다. 그렇기에 독자는 어느 순간 저절로 고개를 끄덕이며 문장 속에 깃든 온기를 따라 걷는다. 그것은 바로 수필이라는 문학 장르의 핵심 - 사실성, 관조성, 그리고 정서적 여백 - 을 오롯이 구현한 결과다.

「누렁이의 봄날 이야기」는 제목에서 알 수 있듯 생명의 탄생이라는 본원적 장면을 따스하게 그린다. 말 못 하는 개가 보여주는 어미로서의 헌신, 출산의 고통, 새끼를 돌보는 분투 속에 인간보다 더 인간적인 '짐승의 존엄'이 있다. 작가는 새끼를 낳는 누렁이를 바라보며 사람과 생명의 경계가 얼마나 허약한지를 사색한다. 인간만이 고귀한 것이 아니라, 존재하는 모든 생명은 고통을 감내하며 자신의 시간을 살아낸다는 사실을, 비단 '감상'이 아니라 '경외심'으로 받아들이게 만든다.

이와 연결되듯, 「인생의 봄날」은 한 인간의 개인사이자 가정의 기억 속에서 '삶의 황금기'를 재현한다. 수필의 서사는 한 편의 연대기처럼 진행되지만, 그 문장은 마치 꽃잎이 흩날리는 듯 사적인 감정을 섬세히 포착한다. 생선회 한 점, 단칸방의 금붕어, 시댁의 웃음소리까지 - 이 모든 것들이 과거의 봄날을 구성하는 한 장면이다. 여기서도 핵심은 생명의 성장과 그 곁을 지키는 '관계의 지속'이다. 사랑도 육아도 시부모와의 유대도 급격하게 터지지 않고, 느리게 쌓이며 봄날의 햇살처럼 스며든다.

「바람결에 피어난 찔레꽃」은 시적 이미지가 가장 풍부한 작품이다. 찔레꽃의 청초한 향기와 자연의 변화 속에서 삶의 정수가 배어나는 이 수필은 단순한 자연 묘사를 넘어, 한 사람의 '존재 방식'을 보여준다. 인간의 사랑, 기억, 그리움이 꽃의 형태로 환생하며, 그것이 누군가의 이름이 되고 한 송이 시가 된다. 백석과 자야의 이야기를 통해 생명은 유한하되, 사랑은 무한하다는 메시지가 흰 찔레꽃의 떨림 속에 녹아 있다.

이런 정서적 정화는 「비 오는 날은 사색이 흐른다」에서 한층 더 짙어진다. 비 오는 날의 정적 속에서 밭일을 접고 잠시 자신을 돌아보는 한 중년의 목소리는, 현대인의 빠른 호흡과는 대조적으로 고요한 사색의 강물처럼 흐른다. 첼로 선율처럼 낮고 묵직한 삶의 체험, '침묵은 금이다'라는 명언의 실천은 우리가 얼마나 많은 순간을 허투루 소비하는지 돌아보게 만든다. 침묵은 공백이 아니라, 가장 내밀한 대화의 형식임을 보여주는 작품이다.

그리고 「연꽃을 닮은 보길도」는 그 사색의 여정이 자연을 통해 '밖으로' 뻗어 나간 형식이다. 윤선도의 흔적을 따라 걷는 이 여행 수필은 단순한 관광 기록이 아니라 문학과 인생이 만나는 순간의 기록이다. 세연정의 풍류, 동천석실의 사유, 몽돌 바다의 고요함 속에서 독자는 자연을 통해 과거와 현재, 타인과 자아, 시와 현실이 어떻게 하나의 선으로 연결되는지를 체감한다. 연꽃이 진흙 속에서도 고결한 향을 품듯, 인간도 고난 속에서 격조를 잃지 않을 수 있음을 자연은 말없이 증명해 준다.

이들 수필은 낭만주의적 정조와 리얼리즘의 생생한 터치를 함께 지닌다. 감상에 빠지지 않으면서도 감정을 풍성하게 드러내며, 서정성과 사실성, 자연과 인간, 감성과 이성이 정교하게 직조된 문학적 패턴을 이룬다. 각 수필은 독립적인 작품이지만, 그 세계관은 끊어지지 않고 이어지며 마치 '사계절의 연작'처럼 서사를 구성한다.

또한, 이 수필들은 개인의 체험을 바탕으로 한 '생활 수필'의 품격을

끌어올리는 데 기여한다. 자연을 묘사하되 단순한 경관의 감상이 아니라 삶의 본질과 인간 존재의 겸허함을 통찰하는 도구로 사용한다는 점에서 일기적 산문에서 벗어나 철학적 내면성을 획득한 것이다.

이 수필들은 결국 한 문장을 말하고 있다.

'생명이 피어나는 그곳에 진실한 사랑과 철학이 있고, 그것은 언제나 봄처럼 자연처럼 조용히 다가온다.'

2. 관계 속에서 피어나는 기억의 결

가족은 우리 삶의 최초의 공동체이며, 동시에 마지막까지 남는 정서의 고리다. 이 소주제에 속한 수필들은 바로 그런 '가족' 또는 '관계'라는 울타리 안에서 싹튼 기억과 감정, 화해와 이해, 아픔과 회복의 순간들을 담담하게 기록한다. 「가을을 닮은 언니에게」, 「아들에게 보내는 편지」, 「내 아들은 고동호」, 「둘째에게 보내는 편지」, 「하늬 지나는 날」은 모두 가장 개인적인 관계 안에서 보편적인 감정을 이끌어내는 문학적 정수를 보여주는 작품들이다.

이 수필들은 '사람'을 이야기하되, 그것을 단순한 초상화처럼 그리지 않는다. 오히려 관계의 결, 그 안의 뒤엉킨 감정선, 시간이 빚어낸 거리감과 연결감을 섬세하게 엮어낸다. 문학적이되 서정적이고, 회고적이되 철학적인 산문이다. 다섯 작품 모두 주인공은 가족을 향해 말을 걸지만, 실은 자신을 들여다보는 내면의 독백이기도 하다. 이처럼 개인의 경험을 통해 보편적 감정으로 확장해 내는 것이 이들 수필이 가진 미학이다.

「가을을 닮은 언니에게」는 계절의 정취 속에서 '언니'라는 존재를 향한 그리움과 정서적 교감을 섬세하게 풀어낸 수필이다. 편지 형식을 빌린 이 글은 단순한 회상이 아니라, 함께했던 시간의 잔상과 여전히 전하지 못한 감정들, 그리고 말없이 이어지는 관계의 온도를 조용히 전한다. '언니'는 삶을 함께 걸어온 정서적 반려로 느껴지며, 작가는 자연의 풍경과 감각을 통해 그 존재를 더 깊이 사유한다.

한편 「아들에게 보내는 편지」와 「내 아들은 고동호」는 부모와 자식 사이에 오랜 시간 동안 쌓여온 '결'의 깊이를 따뜻하게 응시하는 작품이다. 전자는 군에 간 아들을 향한 어머니의 절절한 내면을 편지 형식으로 풀어내며, 이별과 응원이 교차하는 일상의 감정을 담는다. 후자는 유쾌한 이름 '고동호'를 매개로 자식에 대한 애정을 위트와 은유로 풀어낸 수필이다. 두 작품 모두 부모라는 자리에서 자식을 바라보는 시선 속에 고운 결이 서려 있고, 이는 유머와 눈물, 일상의 풍경 속에서 더 진하게 드러난다. 그 결은 생의 무늬처럼 잔잔하고도 단단하게 서로를 잇는다.

「둘째에게 보내는 편지」에서는 군에 간 아들을 향한 어머니의 애틋한 마음을 일상의 언어로 정성스레 풀어낸 작품이다. 작가는 농사일과 가족의 소소한 일상, 형의 근황, 가족여행의 에피소드 등을 풀어놓으며 아들과 나눈 시간의 결을 짚어간다. 그 결은 단지 혈연을 넘어선, 함께 살아낸 기억의 촘촘한 짜임이고, 부재 속에서도 더욱 선명해지는 사랑의 흔적이다. 시시콜콜한 일상 묘사와 아들을 향한 염려, 웃음 섞인 회상이 어우러져, 관계 속에 스며든 정과 그리움의 깊이를 조용히 되새기게 한다. 편지는 그 자체로 마음의 징검다리다.

「하늬 지나는 날」은 가을날 바람처럼 스며드는 삶의 감각과 관계의 여운을 섬세하게 그려낸 수필이다. 작가는 친구와의 소소한 나들이, 아버지와의 재회, 고향의 풍경과 감나무를 통해 가족과 이웃, 나 자신과의 관계 속에 깃든 감정의 결을 되짚는다. 감이 익어가듯 깊어지는 삶의 맛, 빈자리를 통해 더 선명해지는 존재의 의미가 담담한 어조로 스민다. 하늬바람처럼 스쳐 가는 찰나의 순간들이 결국은 한 사람의 마음에 오래도록 남는 풍경이 된다는 사실을 조용히 일깨운다.

이 수필들은 사실주의적 서술에 바탕을 두되, 그 깊은 층위에서 감정적 리얼리즘을 구현한다. 정형화된 갈등이나 드라마틱한 전개 없이도 사람과 사람 사이의 조용한 떨림과 균열을 그려낸다는 점에서, 생활 수필의 본령을 충실히 따르면서도, 인간 존재에 대한 철학적 성찰을 담은 작품들이다.

가족, 또는 관계로 맺어진 인간관계는 완전한 것도 영원한 것도 아니다. 그래서 때로는 아프고 외롭고 곤란한 것이다. 그러나 이 수필들은 그것이 '사라질 수 없는 연대'임을 말해준다. 혈연이나 관계라는 이름을 넘어서 인간 대 인간으로서의 이해와 사유가 존재할 수 있을 때, 비로소 이러한 관계성은 기억이 아닌 현재형의 언어로 살아나기 때문이다.

3. 소소한 것들의 힘

'특별하지 않음'이야말로 진짜 특별함일 수 있다. 삶이란 거창한 사건이나 비극의 연속이 아니라, 도서상품권 한 장, 양념통닭 한 마리, 김치 한 포기, 한 번의 웃음처럼 사소한 것들로 이뤄져 있다. 그러나 이 사소한 순간들이, 인간의 감정과 기억을 어루만지는 거대한 의미로 바뀌는 순간이 있다. 이 다섯 편의 수필은 바로 그 '순간'의 가치를 진지하게 성찰한다.

「도서상품권」은 일상 속 작지만 따뜻한 기쁨이 어떻게 삶의 활력이 되는지를 섬세하게 보여준다. 라디오 사연 응모를 통해 좌절과 설렘, 기대와 실망을 오가는 감정의 진폭이 유쾌하면서도 진실하게 그려진다. 결국 받아든 도서상품권은 단순한 경품이 아니라 가족과의 소중한 독서 시간, 엄마로서의 작은 성취, 마음을 나누는 기쁨으로 확장된다. 이 글은 소소한 경험 안에 숨어 있는 진한 감동과, 그것이 삶을 얼마나 환하게 밝힐 수 있는지를 유쾌한 목소리로 증명해 낸다.

「양념통닭」은 정성스레 만든 한 끼 식사를 통해 전해지는 사랑의 진심을 담아낸다. 단순한 음식을 넘어, 그것은 어머니를 향한 딸의 마음이자, 노인정의 일상에 따뜻한 생기를 불어넣는 조용한 헌신의 언어다. 조리 과정에서 묻어나는 생명에 대한 숙연함, 어머니의 자랑스러운 미소, 노인들의 웃음까지-모두가 소소한 실천에서 비롯된 삶의 풍요로움을 말해준다. 사라진 존재와의 시간도 다시 불러내는 이 따뜻한 접시는, 일상이 가진 섬세한 힘을 다시 보게 만든다.

「열무김치를 담그며」는 계절의 변화 속에서 소박한 일상과 감정의 깊이를 담아낸다. 여름을 준비하며 김치를 담그는 수고로운 행위는 단순한 노동을 넘어, 가족에 대한 사랑과 삶의 성숙으로 이어진다. 열무를 절이고 마늘을 까며 느끼는 관계의 묵상, 천천히 익어가는 김치처럼 내면도 곱게 숙성되기를 바라는 마음은 일상의 작은 움직임이 지닌 치유의 힘을 보여준다. 이 글은 느리게 스며드는 소소한 순간들이 삶을 단단하게 만든다는 사실을 잔잔하게 일깨운다.

「웃음의 미학」은 일상 속에서 웃음이 갖는 치유와 긍정의 힘을 섬세하게 그려낸다. 외면을 가꾸는 일에 치중하는 현대인에게 내면의 미소와 웃음이야말로 진정한 아름다움의 원천임을 일깨운다. 웃음은 몸과 마음의 피로를 풀어주고, 불안과 우울을 긍정으로 바꾸는 만병통치약이다. 저자는 자신의 경험과 유머, 심리학적 견해를 통해 웃음이 인간에게 얼마나 소중한 '영혼의 통로'인지 깊이 되새기게 한다. 삶의 무게를 견디며 미소를 잃지 않는 이의 얼굴은 가장 빛난다.

「도마 위 생선」은 글쓰기라는 내면의 여정을 생생하고도 통렬하게 그려낸다. 문학을 향한 설렘은 냉철한 합평의 칼날 앞에서 도마 위 생선처럼 해부되며, 자존심은 조용히 내려놓아야 할 짐이 된다. 그러나 이 상처의 과정은 결국 작가로 거듭나는 성장통이 된다. 작은 모임에서 주고받는 진심 어린 조언과 시린 밤의 고요함은, 글을 '요리'하는 고된 여정의 원천이자 삶을 단단히 붙잡는 힘으로 다가온다.

이 수필들은 장르적으로 '생활 수필'이라 불릴 수 있으나, 그 사유의 깊이와 문장의 밀도로 볼 때 단순한 기록 수준을 넘어선다. 이들은 일상 속에서 감정을 뽑아내되, 그것을 낯설게 하거나 인위적으로 장식하지 않는다. 사소함 자체를 아름다움으로 승화시키는 문학적 균형감이 이 수필들의 특징이다.

또한 이 수필들은 미시적 리얼리즘과 일상 미학의 흐름을 충실히 따르고 있으며, 21세기 수필 문학이 가져야 할 새로운 방향성을 제시한다. 크고 대단한 것이 아니라 작고 개인적인 것에서 시작해 보편적 감정으로 확장하는 글쓰기의 미덕을 보여주기 때문이다.

4. 길 위의 사유와 치유

인생이란 하나의 여정이라는 말은 진부하다. 그러나 정말 길 위에 서 본 사람만이 안다. 진짜 여행은 장소의 이동이 아니라, 시선의 전환이라는 것을. 이 소주제의 다섯 작품은 단순한 관광이나 공간적 이동이 아니라, '길 위에서의 성찰', '타자와의 만남을 통한 자아의 재발견', '풍경 속에서 자신의 내면을 비추어보는 행위'로서의 여행을 그린다. 걷고, 보고, 마주하고, 그러면서 내가 누구인지, 무엇을 잊고 있었는지를 되묻는 시간들이다.

「비자나무 숲길을 걷다」는 자연 속 산책길에서 일상과 마음의 무게를 내려놓고 내면의 평화를 회복하는 치유의 여정을 보여준다. 비자나무 숲길은 단순한 걷는 공간을 넘어 '숨골'처럼 생명을 유지하는 통로이자, 피톤치드 가득한 자연의 품속에서 마음의 안정을 찾는 길이다. 산책 중 초록 물결과 바람, 햇살에 감싸이며 오롯이 자신과 마주하는 순간, 마음이 '안개처럼 피어오르고' '풍덩 빠진다.' 회원들과 나누는 웃음과 문학 기행의 추억 속에서 길 위에서의 사유는 깊어지고, 자연과의 조우는 삶의 상처를 어루만지는 치유로 작용한다.

「하늘바래기」는 자연과 농사일이라는 '길 위'에서 느끼는 깊은 사유와 그 속에서 얻는 치유를 담고 있다. 작가는 아침마다 하늘을 바라보며 계절과 날씨의 변화를 체감하고, 자연 앞에서 자신이 '한 방울의 물과 한 알의 모래 알갱이처럼 미약한 존재'임을 깨닫는다. 농사라는 느리고 인내를 요하는 노동은 '사색'을 동반하는 길이며, 이 과정에서 세상의 속도에 휩쓸리지 않고 삶의 본질과 자연의 리듬을 온몸으로 느끼며 치유받는다. "농사는 고도의 전문성과 경험의 축적이 필요한 일"임을 통해, 자연과 함께 걷는 길이 단순한 노동이 아니라 마음과 몸을 단련하고 회복하는 치유의 시간이 됨을 보여준다.

「씬 짜오」는 여행이라는 '길 위'에서의 사유와 치유를 그린다. 빗속을 뚫고 떠나는 여정은 자연과 사회의 혼란 속에서도 '영혼의 담금질'이자 내면의 자유를 찾아가는 과정이다. 낯선 땅에서 마주하는 낯선 사람들과의 소통, 느리고 섬세한 마사지의 손길, 뜨거운 햇볕과 시끌벅적한 거리의 풍경은 여행자의 마음에 새로운 생기를 불어넣는다. 전쟁의 상흔과 역사적 아픔을 마주하며 마음의 근육을 다지고, 마지막에 고향으로 돌아와 '가장 편한 자리'에서 안도를 느끼는 순간은, 길 위에서 겪는 사유와 치유의 완성이다. 여행은 단지 보는 것이 아닌, 삶을 깊이 느끼고 자신을 회복하는 시간임을 보여준다.

「나마스떼Namaste」는 인도·네팔의 인사와 함께 시작되는 요가와 명상의 이야기를 담았다. 합장을 하고 마음속 신에게 경의를 표하며, 몸과 마음을 단련하는 수련 과정이 펼쳐진다. 웃음 가득한 모임에서 서로의 사연을 나누고, 꾸준한 노력 끝에 유연해진 몸과 차분해진 정신을 경험한다. 물구나무서기 같은 동작은 사고를 전환시키고, 명상을 통해 잡념을 비우며 마음의 평화를 찾는다. 바쁜 일상 속에서 요가는 몸·마음·영혼의 때를 닦는 치유의 시간이다. 마지막 합장 인사 '나마스떼'는 평화로운 마음과 함께 하루를 마무리한다.

「가파도의 하루」는 자연과 사람, 그리고 여행의 치유를 담은 산문이다. 봄기운 가득한 들판과 꽃들이 피어나는 풍경 속에서 시작된 문학기행은 청보리밭의 푸른 물결과 아련한 그리움을 불러일으킨다. 가파도의 한적한 길과 돌담, 들꽃이 맞아주고, 할머니와의 짧은 대화는 세월의 덧없음을 되새기게 한다. 느린 섬의 리듬 속에서 자연과 인간의 조화로운 삶을 목격하며, 일상의 번잡함에서 벗어나 마음이 평온해진다. 바다 위 반짝이는 은빛 물결과 함께, 떠남과 만남, 그리고 치유의 시간이 조용히 흘러간다. '섬을 떠나야 섬이 보인다'는 말처럼, 여행은 자기 성찰과 새로운 시선을 선물한다.

이 다섯 편의 수필은 모두 여행을 배경으로 하지만, 그 목적은 장소가 아니라 내면으로의 귀환이다. 문학적으로는 신체적 이동보다는 정신적 이동에 집중하는 존재론적 여행 서사이며, 20세기 후반부터 이어지는 '자기 성찰형 수필'의 계보를 잇는다. 타인·자연·침묵과의 만남을 통해 삶을 재조명하려는 의지가 작품 전반에 흐른다.

지금까지 살펴본 바에 의하면, 첫 번째 주제인 '가족과 추억'에선 우리는 그리움의 결을 따라간다. 누렁이, 언니, 아들, 편지… 이 글들은 잊힌 존재들을 불러내어 현재 속에 머무르게 한다. 수필이란 장르는 그 자체로 하나의 기억술記憶術이며, 이 작품들은 가족, 또는 관계라는 이름 아래 기억의 구조를 정성껏 세공한 글들이다.

두 번째 주제인 '자연과 시간'은 삶의 외부 세계를 담아내면서도 내면의 흔들림을 조명한다. 꽃, 흙, 바람, 노을, 그리고 장맛비. 이러한 자연적 소재들을 통해 작가는 인간 존재가 자연의 일부임을 상기시키며, 시간의 흐름 속에서 자신을 위치시키는 법을 배운다. 자연은 배경이 아니라, 주체이며 화자다.

세 번째 주제는 '일상과 감정'이다. 치킨, 열무김치, 상품권, 웃음. 이 얼마나 평범한 것들인가. 그러나 이것들이 이야기 속에서 갖는 감정의 깊이는 결코 얕지 않다. 수필은 '작은 것에 깃든 큰 감정'을 발견하는 문학이며, 이 글들은 바쁜 일상에서 우리가 자주 지나쳐버린 감정의 단면들을 다정히 붙잡는다. 소소한 삶이 때로는 가장 큰 문학이 된다.

마지막으로, '여행과 사색'의 수필들은 물리적 이동을 넘어 존재론적 이동, 즉 자아와 삶의 방향성을 되묻는 글들이다. 걷기, 머무름, 타인의 언어와 문화에 대한 개방. 이러한 여행적 경험은 글을 통해 철학적인 깨달음으로 응축된다. 그 여정의 끝에서 작가는 늘 자기를 마주하게 된다. '여행은 결국 나로 돌아오는 길'임을 이 글들이 증명한다.

김은숙의 『비 오는 날은 사색이 흐른다』는 단순한 수필집이 아니라 '삶의 조각들'로 이루어진 하나의 커다란 초상화다. 수필은 개인적 기록이면서 동시에 누구나 공감할 수 있는 보편적 이야기다. 작가의 문장은 꾸밈없지만 그 안에 풍부한 감성과 사유가 숨어 있다. 읽는 이로 하여금 자신의 삶과 맞닿은 부분을 발견하게 하고, 내면의 깊은 곳에서 잔잔한 울림을 일으킨다.

이 책은 읽는 이에게 '느림의 미학'을 전한다. 독자는 어느 순간 글을 읽는 것이 아니라, 글 속을 거닐고, 때로는 앉아 쉬고, 때로는 울고 웃게 된다. 빠르고 복잡한 현대 사회 속에서 잠시 멈추어, 사소한 것들의 의미를 음미하고, 관계와 자연, 그리고 자기 자신과의 대화를 돌아보게 한다. 문장은 살고, 살면 문장이 된다. 이 아름다운 수필집은 우리 모두에게 삶과 문장의 불가분성을 조용히 일깨운다.

그림과책 에세이

비 오는 날은 사색이 흐른다

초판 1쇄 발행일 _ 2025년 10월 22일

지은이 _ 김은숙
펴낸이 _ 손근호

펴낸곳 _ 도서출판 그림과책
출판등록 2003년 5월 12일 제300-2003-87호

03924 서울특별시 마포구 월드컵북로54길 17 821호
　　　(상암동, 사보이시티디엠씨)
　　　도서출판 그림과책
전화 (02)720-9875, 2987 _ 팩스 (02)720-4389
도서출판 그림과책 homepage _ www.sisamundan.co.kr
후원 _ 월간 시사문단(www.sisamundan.co.kr)
E-mail _ munhak@sisamundan.co.kr

ISBN 979-11-93560-52-5(03810)

값 18,000원

이 책의 판권은 지은이와 그림과책에 있습니다.
잘못된 책은 교환해 드립니다.